JN024648

Elements
of Sport

スポーツ
とは何か
への回答

スポーツ原論

関 朋昭 著
Tomoaki Seki

ナカニシヤ出版

まえがき

『スポーツ原論─スポーツとは何かへの回答─』と題する本書を上梓する。
「スポーツ原論」とは仰々しく構えたタイトルではあるが，本書はこれまでのスポーツにおける議論を超克し，スポーツに対する認識の転換を求めるものである。「スポーツとは何か」を説明づけることは，すなわちスポーツの原理を解説することになり，そこには不変的かつ普遍的な法則が必ず存在する。この法則は相対的なものではなく絶対的なものである。絶対的なものとはさらに仰々しくなるが，読者におかれては，果たしてそのような法則が本当に存在するのかという疑義を抱かれたのではないかと思う。

　以前勤めていた大学で，講義中に学生から突然次のような質問を受けた。「ずっと疑問に思っていたのですが，なぜ吹奏楽はスポーツではないのですか？」「一生懸命に活動しているし，練習時間も長いし，体力トレーニングも行っています。コンクールはスポーツと同じじゃないですか？」。
　150人を超す他の受講生たちは失笑した。突然の質問に私は「吹奏楽コンクールがスポーツ，なんて話は聞いたことがない」と適当に答えた。しかし内心は全く説明になっていないことを痛感していた。私の答えは論理を欠いている。この学生からの質問に刺激された私に，学生と同様に「剣道はスポーツなのか」「将棋はスポーツなのか」，一体「スポーツとは何か」という問いが生まれた。否，正確にいえば，「問いが生まれた」のではなく，しばらく考えることを放棄していたので「再び問いに向き合うことになった」である。記憶が曖昧だが，おそらく私が大学生のときに少しは考えていたはずであろう問いであるが，おそらく「こんなことを考えて何の役に立つのか」と当時の私は深く考えていなかった。研究者となった今も，スポーツの研究に従事はしているものの，「スポーツとは何か」という原理的な議論から逃げていた。この最大の理由は私の能力の問題であり，私の手に負えないテーマだと思ってきたからだ。しかしな

がら，2021年，2020東京オリンピック・パラリンピックを終え，真剣に「スポーツとは何か」を問いたくなった。いや問わざるをえなくなってきた。

　私は体育経営学，スポーツマネジメントを専門としているが，基本的には経営学（マネジメント）の一部だと自覚している。しかしながら，この専門分野の多くの研究者は，「スポーツマネジメント」と「マネジメント」は違うものだと認識している。「体育経営学」と「経営学」もまた然りである。同様に隣接する領域を眺めれば，「スポーツ社会学と社会学」「スポーツ心理学と心理学」「スポーツ教育学と教育学」等々，他にも数多くあるであろうが，スポーツの研究者がどのような主義で研究をしているのかを知るすべはない。

　エリアスとダニング（Norbert Elias & Eric Dunning, 1986）は，イギリスにおける近代スポーツと議会制度の誕生が，構造的に同じ性質をもつことを指摘している。多木浩二（1995, p. 13）は，「彼（Elias）にとってはスポーツの研究は社会の研究にほかならなかった」と述べている。同感である。仮に，「スポーツ○○学」と「○○学」が違うのであれば，その違いを明らかにし説明しなければならないであろう。前述の私の認識とは矛盾するが，「スポーツ」の中には一般の経営学では語ること（説明すること）ができない現象（原理）が実は存在するのではないかと私は考えるようになってきた。なぜなら「スポーツ」を突き詰めて考えていくと，そこには日常生活とは違う世界があるように思えてきたからだ。淡くぼんやりとした仮説ではあるが，「スポーツとは何か」を問わざるをえなくなった真の理由である。また，学術研究においては「体育・スポーツ」と双子のように一括りに議論されて久しいが，学生のときから筆者は懐疑的だった。実は双子ではなく赤の他人なのではないか，と。

　スポーツ原理を問うための道具としては何が相応しいであろうか。哲学と数学が妥当である。哲学の系譜は古代ギリシャに端を発し，ソクラテス（Socrates, 紀元前470頃-紀元前399），プラトン（Plato, 紀元前427-紀元前347），アリストテレス（Aristotle, 前384-前322）を代表とし，それ以降，中世哲学，近代哲学，現代哲学への系譜を歩む。しかしながら，私見であることをお断りして述べるが，今日の哲学は真理の追求というよりも，考えを述べる思想に近い。中釜浩一（2019）はホワイトヘッド（Alfred North Whitehead, 1861-1947）の引用として「西洋の哲学的伝統についての最も穏当な一般的特徴づけは，そ

れがプラトンへの一連の脚注からなっている，というものである。私が言いたいのは，学者たちが彼の諸著作から怪しげなやり方（doubtfully）で引き出してきた体系的な思想の枠組のことではない。それらの著作中にばらまかれている豊かな一般的諸観念のことを，私は示唆しているのである」と共感をもって多くの論文に引用される言葉を紹介している。このようにプラトンの焼きなおしと揶揄されるほど，プラトン哲学は超越していると私は思っている。ところで，プラトンは知の探究のために数学の証明方法を用いている（松井貴英，2021の議論が興味深い）。当時は，物事の真理を追究することが唯一の目的であり，哲学だの数学だの学問領域の縄張り争いには無関心だった。事象の根源を明らかにすることが楽しみ，面白さであり，正しく証明できているのであれば，研究方法などの真偽は問わなかった。とはいえ，数学が有益だったことは言を俟たない。人類学者とみられがちなクロード・レヴィ＝ストロース（Claude Lévi-Strauss，1908-2009，以下 L=S と略記する）は，未開拓の原住民の親族関係の中に，それまで誰も気がつくことができなかった隠れた構造を発見したが，そこには数学の群論（group theory）が用いられている。私も「スポーツ」の中に隠秘する構造を発見する旅へ出ようと決意した。すでに本書の下敷きとなりうるスポーツと数学に関する議論をいくつか発表しているので，それらの輔翼をもとにゴールへと進みたい。

　『スポーツ原論─スポーツとは何かへの回答─』のタイトルに相応しい証明になっているのか，読者の方々には読了後に判断していただきたい。私としては数学の美しい記述，哲学の論理に基づいた証明をただ目指すのみである。

2022年3月24日

関　朋昭

目　　次

序章

 ## スポーツを問いなおす

第 **1** 節　スポーツとは何か＝What's sport?

　スポーツは1つである。

　我々は普段，「競技スポーツ」「学校スポーツ」「生涯スポーツ」「近代スポーツ」等々，日常生活でスポーツのことを何気なく話題にしているが，そもそも「スポーツとは何か」と問われて，直ぐに明快な回答ができる人は，スポーツの研究者の中でも少ない。それほど「スポーツとは何か」は難問なのである。

　「スポーツとは何か＝What's sport?」をストレートにタイトルとして著している国内外の4冊をまずは紹介しよう。1つめの中村敏雄（1973，スポーツとは何か）は，人によってスポーツの捉え方にはいろいろと違いがあるが，具体的に名前を挙げて，それがスポーツであるのか，ないのかと聞かれれば，何とか答えられるであろうと述べている。つまり我々は無意識にスポーツを識別することができ，そこには何かしらの基準によって「スポーツ」と「スポーツモドキ」を判別できるということである。2つめの玉木正之（1999，スポーツとは何か）は，「スポーツとは何か」という命題に対する回答は，スポーツを研究する学者の数だけ多く存在すると述べ，氏のスポーツの定義として「身体運動による精神の解放」「合理的な身体運動のなかで，非合理的な人間の存在を浮き彫りにする行為」の2つを挙げている。しかしながら，これは定義というよりは概念である[1]。そして3つめのブリューワー（D. Josev Brewer，2019，WHAT IS SPORT）は，人間の身体運動の程度に基づいて，活動をスポーツとするか，そうでないかを区別しようとすることは間違いであると述べている。つまり身体運動の質や量によって，スポーツか否かは問うことができないという主張である。4つめのアルファ（Rob Alpha，2015，What Is Sport）は，我々

がスポーツをする理由から「スポーツとは何か」を説明しようとしているが，そもそもスポーツの定義がないため，何を説明すべきかが明確になっていない。以上，4つの「スポーツとは何か＝What's sport?」を概観してみたが，単純そうにみえる「スポーツとは何か」という命題に対し，誰もが納得する説明を与えることは実のところ難しいことが分かる。

　スポーツを説明するためにスポーツの概念を活用してしまえば，トートロジー（同語反復）に陥ってしまい，スポーツを身体運動として捉えれば，身体運動とは何かの定義が必要となる。なぜ我々は「スポーツとは何か＝What's sport?」という問いに苦戦し，そして明確な答えを与えることができないのであろうか。その構造的な理由は，「スポーツ」という名辞には多種多様な意味が内含され，今日に至るまでその外延はどこまでも拡張し続け，そして「スポーツ」の実体を直接的に把握することはできず，また肉眼で確認することも不可能だからである。「遊び」と同じ構造である。佐藤臣彦（2009）は，「『遊び』を『家族的類似性[2]』ということで理解するなら，『遊び』と呼ばれるものすべてに共通するような本質などもともと存在してはいない」とし，「遊び」のような多義的な名辞／概念に「AはBである」という単一の形式で定義を与えることは難しいとし，そもそも不可能なことかもしれない，と示唆している。「スポーツ」も「遊び」も「～である」が多種多様な意味をもつため，それを単一の定義によって把握しようとすること自体がすでに矛盾だという論理である。つまり，「『遊びとは何か』という問いに対して，単一の『遊びとは何々である』という定義形式での答えを望むこと自体が，そもそも無理なことであろう（佐藤，2009，p. 47，傍点は筆者）」と述べている。本当に無理なのであろうか。ちなみに「AはBである」という単一の定義形式の論証は伝統的論理学[3]である。

　佐藤（2009）の論考の下敷きとなっているヴィトゲンシュタイン（Ludwig Josef Johann Wittgenstein, 1889-1951）の「家族的類似性」は，本書のテーマ「スポーツ」と類似の「ゲーム（独：Spiel）」を取り上げている。ヴィトゲンシュタインは「ゲーム」と呼ばれている全ての外延を特徴づけるような共通の内包は存在せず，「勝敗が決まること」や「娯楽性がある」など部分的に共通する特徴によって全体が緩くつながっているに過ぎないという主張である。具

体的には，「カード・ゲーム」「ボール・ゲーム」「オンライン・ゲーム」等々，これらの中には本質的な共通した何かが共有されているという前提はもつが，仮にゲームに何かしらの定義づけをしてしまえば，必ずその定義から外れてしまう現象（本来はゲームに含まれるようなゲームモドキ）が出てしまうことに対してヴィトゲンシュタインは批判的な態度である。この批判的な態度は，外延／内包または必要十分条件で集合を定義することに否定的な立場をとる現代論理学[4]である。このヴィトゲンシュタインの「家族的類似性」は本書において非常に重要である。つまり「スポーツとは何か＝What's sport?」の問いに対し，そもそも答えが「有／無，在／不在」を問い質すものだからである。むろんヴィトゲンシュタインの「家族的類似性」を1つの答えとすることは可能ではあるが，それでは学問的な情緒を欠く。

　我々が「スポーツとは何か＝What's sport?」と問い，その概念を規定するためには，この「スポーツ」という概念に属する現象から，それらに共通する特徴を抽出し，その本質を見定めなくてはならない。しかし，ある現象が「スポーツ」であるかを認識するためには，すでに「スポーツとは何か＝What's sport?」を知っていなければならない。我々は「スポーツ」という概念の内包をすでに知っている。その内包の基準に従って判断している。つまり「スポーツ」と「スポーツモドキ」とを区別する内包の何らかの基準とは，すなわち定義のことであるといわざるをえない。

　本書は，敢えてヴィトゲンシュタインが批判する伝統的論理学へと視座を回帰させ，「スポーツとは何か＝What's sport?」へ単一の定義となる必要十分条件を与え，この問いに答えることをまずは第一目的とする。そして，これまで難解だった「スポーツ」を定義づけることによって，「スポーツ」がもつ不変的かつ普遍的な真理を数学的構造によって明らかにすることが第二目的となる。最後に「スポーツ原論」を整理する。この一連の手法は，幾何学の原論を書いたユークリッド（Euclid）[5]の研究手続きである。本書は「定義―定理―証明」の数学的手続きによって「スポーツ原論」を完成させることが究極的な目的となる。また，以下が研究目的を達するための本書の構成である。そして「スポーツ原論」を通じて，「スポーツ」の類語として扱われる「部活動」と「体育」の差異性について補章として説明する。

第 2 節　スポーツは時代や社会で違うのか？

2-1　「スポーツとは何か＝What's sport?」に対する若干の予備的検討

　エリアスとダニング（Elias & Dunning, 1986）は，イギリスが歴史的に近代化していく中で生まれたスポーツを「近代スポーツ」として捉えている。「近代スポーツ」を描き出したのはエリアスらの大功績だと筆者は考える。しかし，「近代スポーツ」と「それ以前のスポーツ」は異なるのか，という疑問がここで出てくる。この問いに対しては，スポーツ研究者に多く引用されているジレ（Bernard Gillet, 1948）が挑戦している。ジレは「近代スポーツ」のみならず「古代スポーツ（オリンピア競技）」「中世スポーツ（騎士の馬上試合：トーナメント）」の全てに適合するスポーツの構成要素を一般化させ「遊戯，闘争，激しい肉体活動」を定義として導き出したのである。しかし多木（1995, p. 14）は批判的である。以下，少し長いが氏の引用を紹介する。

　　彼（Gillet）には近代スポーツと古代のスポーツとの間の不連続があまりはっきりしていないのだ。彼（Gillet）はスポーツをいわば競技者の行う

ゲームとして定義しようとしたのだが，しかしすでにエリアス（Elias）
があきらかにしているように，近代スポーツのもっとも根本にあるルール
（規則）は，遊戯，闘争，肉体の活動のほかに暴力の克服という重要なモ
メントを入れなければ生まれてこないのである。

（中略）

ジレ風のスポーツの定義では，観客の感情の激発にもある程度の制限があ
ることへの認識も完全に脱落している。

（註：（Gillet）と（Elias）と傍点は筆者が記入）

　多木の論説は秀逸であると筆者は思う。ジレとエリアスの異なる論考を丁寧
に分析し「スポーツとは何か＝What's sport?」を捉えている。「近代スポーツ」
と「古代／中世スポーツ」が断絶していることは筆者も認めるところである。
筆者は関（2015，pp. 12-17）の中で，スポーツがもつ精神文化は制度設計（マ
ネジメント）の問題であり，文明要素（政治，教育，宗教など）が異なるがゆ
えに生まれ，「近代スポーツ（暴力克服）」「古代スポーツ（暴力前提）」はそれ
ぞれの外部環境との関係性の問題であることを示唆した。つまり文化は文明要
素のマネジメント次第であり，優劣や正誤を問うことではないと述べた。
　スポーツをより善いものへと発展させ進歩させていくためには，多木（1995）

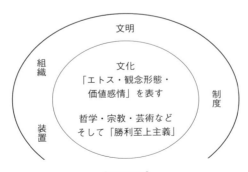

【文明要素】
スポーツ・教育・政治・経済・法律など
図1　文明と文化の関係

（注）関（2015，p. 3）から抜粋。伊東俊太郎（1997，p. 8）の図を大幅に加筆修正したものである。

に代表される視点で「スポーツとは何か＝What's sport?」を検討し追求して
いく議論は必要不可欠である。しかしながら本書の使命は相異なる。「スポー
ツの理想の姿はこうあるべきだ」「スポーツを社会に生かすためにはこうすべ
きだ」または「スポーツを政治の道具に利用してはならぬ」「スポーツを利潤
目的の道具にしてはダメだ」さらには「スポーツは世界平和の象徴である」な
ど，スポーツがもつ倫理観や価値観を説いたりすることが本書の目的ではない。
そうした意味においては，本書はジレが試みたスポーツの定義への再挑戦であ
る。

　以上，「スポーツとは何か＝What's sport?」の若干の予備的検討を行ってき
た。本書は「定義─定理─証明」の数学的手続きをとるが，従来のスポーツ研
究の人文・社会科学の研究方法の研究蓄積は無視することができない。そのた
め，スポーツの定義（第1章）では，スポーツの概念に関する研究を広範に渉
猟しつつ，スポーツ研究の専門辞典，哲学辞典などの辞書類を駆使する。スポー
ツの定理（第2章）では，スポーツという世界に広がる多くの具体的な現象を
取り扱うため，それを抽象化して，関係性を理論づけていく研究方法が必要と
なる。関係性の発見のためになぜ抽象化が必要なのかというと，具体的な現象
を観察したり，それらを比較したりしても，真理を明らかにすることは不可能
だからである。以下の概念図をみて欲しい。

　例えば，具体的事象（x）として「古代オリンピック」，具体的事象（y）を
「野球（baseball）」，具象的事象（z）を「綱引き[6]」とする（他にもたくさん
ある）。これらに共通する関係性を抽出してみる。例えば「競争」「複数の人が

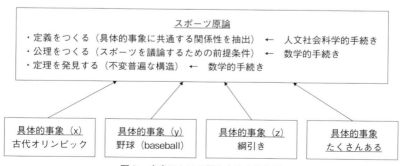

図2　本書における研究方法の概念図

参加」等々を挙げることができる。これらの関係性の考察には，史料（資料），論文，書籍を手掛かりとしながら見つけていく手続きとして人文社会科学が有効である。しかし，関係性をいくら列記し説明づけたとしても臆見（意見）に過ぎない。やはりそれぞれの具体的事象を抽象化させ，それらの関係性から不変普遍の定理を発見し明らかにしなければならない。そのための研究方法が数学的手続きである。

2-2　数学的手続き，数学的構造，数学モデルについて

　一般的に数学は計算することだと思われがちだが実際は深淵に沈吟する学問である。敢えて数学とは何かを筆者が簡単に説明すると，数学とは，ある対象を抽象化し構造化させることである。数学は，ある対象から特定の要素を抽出し限定させ，それ以外の要素を捨象する。数学を道具立てにする一番の理由は，結果が普遍かつ不変だからである。社会科学系の研究においては，ある集団で得られた結果が，必ずしも他の集団に適合するとは限らない。社会科学系の道具立てに寄与する統計学においても，あくまでも確率的な傾向をみる相対的なもので絶対的なものではない。また多くの個別の事例研究では，観察可能な要素を恣意的にしか扱えず研究方法の厳密さに欠ける。その反面，数学から得られた結果は，論理の積み重ねによるものであり，対象が変わっても結果が変わることのない絶対的なものである。このような研究方法を本書では「数学的手続き」と命名する。次に数学的構造を説明する。

　「数学的構造」とは，1930年頃，ニコラ・ブルバキ（仏：Nicolas Bourbaki）と名乗る数学者たちの集団が，数学全体を体系化することを試み，集合を構成する各々の要素の間に関係性を導入したものである。一般的に「数学的構造」とは「群」「位相」などのことである。スポーツは，様々な要素から構成されており，これらの要素間に関係性が導入されることで成立している。例えば要素とは，選手，ルール，場所などである。これらスポーツを構成する要素が成り立ち，そこに「数学的構造」が発見できるのであれば，スポーツの定義や定理を見つけることができる。

　先に紹介したL＝Sは，『親族の基本構造』（1967）の中で，多くの部族の婚姻関係に共通した法則があることを発見した。彼の偉大な功績は，人類学とし

て単にフィールドワーク研究を行っただけではなく，人類学と数学を協同させたことである。この研究の破壊的なところは，それまでの人文社会科学系における研究方法をドラスティックに転換させ，誰も気がつくことができなかった法則を見つけ証明したところである。その研究方法には「数学的構造」の「群論」が使用されている。群論（group theory）は，モノの集まりを入れ換えする操作を抽象化した概念である。例えば「あみだくじ」が分かりやすい代表例である。

　人文社会科学系，自然科学系の学問を問わず，「群論」は研究方法の道具立てに有効であり，その存在感を高めてきた。しかしながら，あまりに高度な数学のため，道具立てにするためにはそれなりの訓練と鍛錬が必要であり，研究者が自由自在に操れるようになるためには理学部数学科並みの知識が求められる。近年では「群論」に代わって「圏論（category theory）」を道具立てにした研究が山積されるようになってきた。例えば，松下行馬（2008）は音楽認識を「圏論」の数学的構造で説明し，丸山善宏（2020）は物事の根本問題について哲学的意識から圏論的記述の研究を試みている。他にも国内外を問わず，情報工学，言語学，美学など，文系と理系，科学，芸術を問わず研究方法または研究手続きの１つとして「圏論」が用いられている。しかしながら筆者の管見の限りでは，「圏論」を用いたスポーツ研究はまだない（2022年４月１日現在）。世界初の試みであり，オリジナルに富む。数学は，対象や現象を抽象的に捉えることによって，一見関係性がないように思えるものであっても，共通点を見出すことによって数学的構造を明らかにすることができる。まさに圏論は「数学的構造」の代名詞的存在であると筆者は考える。

　「数学モデル」とは現象を数学で記述したものである。例えば，全ての物理学は「数学モデル」で書き表されており，これ以外の学界においても経済学，生物学などに援用されている。本書が扱う「スポーツ」という現象の中には，関連するいくつかの対象をもった「数学モデル」をつくることができ，その間の関係を抽象的に扱うことで背後に隠れるメカニズムを明らかにすることが可能となる。そこに不変的かつ普遍的な根本原則がある。

　「スポーツとは何か＝What's sport?」という問いに対し，「数学的手続き」より「数学モデル」を発見し，さらにはスポーツの中に隠れている「数学的構

造」を探り当てることが本書のねらいとなる。

■ 註

1）定義と概念の違いについて説明することは難題であるが，詳しくは本章の中で論じていく。

2）佐藤（2009，p. 46）は，ヴィトゲンシュタインの哲学探究（66，67節）に記載されている「家族的類似性」を例示している。佐藤は「哲学研究」としているが，学者や訳者によっては「哲学探究」「哲学的研究」とされることもある。例えば「家族的類似性」については藤本隆志（1976）が詳しいので参考されたし。

3）伝統論理学については，清水哲郎（2020，p. 1139）が詳しいので参照されたし。

4）現代論理学については，安井邦夫（2021）などが詳しいので参照されたし。尚，伝統的論理学と現代論理学の議論や論争については，飯田（1990）などがある。

5）ユークリッド原論は有名であるが，ほとんどの人は13巻からなる長編を読んだことがないと思われる。ユークリッド原論の世界を堪能するための解説書としては中村幸四郎ら（2011），斎藤憲（2008），吉田信夫（2014）が分かりやすい。

6）日本スポーツ協会の加盟団体（中央競技団体）として「公認社団法人　日本綱引連盟」がある。

第1章

 ## スポーツの定義

第 1 節　これまでのスポーツ概念と定義をめぐる議論

　まずは「概念」と「定義」の区別が必要である。赤松明彦（2015，pp. 209-210）によれば，学問体系の礎を築く哲学では「概念」とは「一つにして摑まれたもの（ラテン語の conceptum）」や「把握する（ドイツ語の Begriff）」のように，複数の事物や事象から共通の特徴を取り出し，それらを包括的・概括的に捉える思考の構成単位を意味する。他方，「定義」とは，中畑正志（2015，pp. 1103-1104）によれば，言葉や物事を明確に規定し説明することを目的とした手続きであり，「X とは何であるのか」つまり「A＝B」の数学的な形式をとる。

　哲学者のクランストン（M. Cranston，邦訳1976，p. 35）は「自由」に関する定義の考察として，「自由」という語を定義することなく「自由とは何か」に答えることは困難だとし，「自由」という語に定義を与えるとなると，どのように定義するのかという奇妙な問題が生じると述べている。また，ホロウェイ（John Holloway，1951，p. 155）は，受け入れてよい「定義」についての「定義」を以下に述べている。

　　「定義」という言葉は，言葉が使用される可能性のある制限をより正確にするプロセスを指すために使用される（筆者翻訳[1]）

　クランストン（邦訳1976，p. 36）は，定義の手続きは1通りではなく，「辞書的定義」と「取り決め的定義」の2種類の定義が重要であるという。「辞書的定義」とは，人々がその言葉を用いるとき普遍に意味しているところを「報

告」するものである。一方，「取り決め的定義」は，話し手なり書き手がある一定の語をどのように用いることにするかという使用者なりの用法について「告知」するもので，その語を使用するときはそれが何を意味することになるのかをあらかじめ取り決めておくことである。クランストン（邦訳1976，p. 38）によれば，「辞書的定義」と「取り決め的定義」は極めて重要な1点で異なる。それは「辞書的定義」は真でもあれば偽でもありうるが，「取り決め的定義」は任意的である。それゆえ，「取り決め的定義」は「役に立つ定義」と「役立たずの定義」とに分けることができる（クランストン，邦訳1976，p. 39）。

　数学者のアティヤ（Michael F. Atiyah，邦訳2010，p. 7）は，「数学と哲学とは，はるか遠い源から論理と理性とを共通の基盤として密接に関係し合っている」と述べ，その起源は紀元前3世紀の古代ギリシャまで遡る。ユークリッドが著した「原論[2)]」は数学を学問として体系づけた初めての書籍で，今日まで世界中の多くの人に読み続けられている数学書である。その「原論」第1巻の議論は唐突に22個の条件から始まる。このユークリッドの「原論」は，議論する世界での物事の取り決めを簡潔明瞭な22個の条件で記述したものを「定義」としている。つまり，ユークリッドは数学を論じる上での「取り決め的定義」を与えたのである。ただし，ユークリッドの「定義」は物事を議論するための「宣言」であり，随意的である。本書では，このように独立した条件づけの定義を「数学的定義」と命名する。「数学的定義」とは，対応可能な範囲を明確

表1　辞書的定義，取り決め的定義，数学的定義の性質

	辞書的定義	取り決め的定義	数学的定義
意味	それぞれの語のもつ通常的な意味 人々がその語を用いるとき普通に意味すること	使用者がその語を口にするときそれは何を意味することになるかを予め取り決める	対応可能な範囲を明確に定めるもの 独立した条件で書かれているもの
用法	報告	告知	宣言
使用	真でもあれば偽でもありうる	任意的	随意的

（注1）「辞書的定義」「取り決め的定義」については，クランストン（邦訳1976）を参照されたし。
（注2）「任意的」とは一般的な自由な判断のことであり，「随意的」とは学問上の形式立った自由な判断のことである。
（注3）この表は関（2022）からである。

に定めるもので，真や偽を問うものではなく，あくまでも随意的なものである。また「数学的定義」は「Aを〜と定義する」「Aの定義は〜である」などに定式化することである。「辞書的定義」「取り決め的定義」「数学的定義」の性質を表1にまとめた[3]。

　以上より，我々は「スポーツとは何か」を議論するための「数学的定義」を必要としている。つまりはスポーツの根本になる原論が要請されているのである。

　さて，スポーツの概念と定義であるが，まずは友添秀則（2009）の研究に注

表2　スポーツの概念と定義（友添秀則の研究より）

スポーツの概念	
Diam, C.	スポーツとは遊びがルールに規制されて競争されたものである。
Coubertin, P. de	進歩への欲求に立ち，危惧を冒しても先に進もうとする集中的な筋肉の努力に対する自発的で日常的な信仰である。
Lüschen, G.	スポーツとは身体的な技術を用いる活動である。
Edwards, H.	スポーツとは身体的努力の発揮を強調する活動である。
Roy, J. W.	スポーツとは身体的卓越性を表す活動である。
Weiss, P.	スポーツとは身体的卓越性をめざす人たちが示す，ルールによって伝統化されたひとつの形式である。
Keating, J. W.	スポーツの本質は競争だが，「競技（Athletics）」とは反対に，穏やかさや寛大さとともに楽しさの特徴をもつ。
Gillet, R.	スポーツとは遊戯，闘争，激しい肉体活動の3つの要素で構成される身体活動である。
Traleigh, W. P.	スポーツとは同意したルールの下で，身体的卓越性を相互に追求することである。
Guttman, A.	現代のスポーツを特徴づけるメルクマールとして「世俗化」「競争の機会と条件の平等化」「役割の専門化」「合理化」「官僚的組織化」「数量化」「記録万能主義」を挙げた。
友添秀則	近代スポーツが保持してきた資本の論理，自由競争の論理，平等主義の論理，禁欲的な論理，モダニズム等のスポーツ独自の論理を中核にしながら，人類が長い歴史的過程の中で醸成されてきた可変性をもった人間の身体運動に関わる文化の総体である。
スポーツの定義	
広辞苑（第七版）	陸上競技，野球，テニス，水泳，ボートレースなどから登山，狩猟などにいたるまで，遊戯，競争，肉体的鍛錬の要素を含む身体運動の総称。

（注1）友添（2009, p. 33）をもとに筆者が加筆修正した。
（注2）友添（2009, p. 56）による「定義」とは，ある「概念」の内包と外延を確定したものであるとし，辞書，辞典類において示されたものである。
（注3）この表は関（2020, p. 118）に掲載されたものを若干修正したものである。

目したい。その理由は2つある。1つめは，スポーツと深く関係する「体育」「教育」の概念と定義を哲学的な態度から詳細に検討していること，2つめは，古今東西における論者の議論を整理し，スポーツの概念化を成し遂げていることである。表2が友添の研究成果をまとめたものである。

　表2の「スポーツの概念」の各論者の記述部分を概観すると「スポーツとは何か」という問いに対して，多くの読者はスポーツの輪郭を認識できるであろう。これが概念の良さである。しかしながら，この「スポーツの概念」を一瞥すれば「定義」にもみえる。その理由は，「スポーツとはXXである」の論理的な記述（A＝B）だからである。そのため友添（2009）は，辞書，辞書類に示されたものを「定義」とし，「概念」と「定義」の混同を避け，スポーツの概念化のみに注視している。それゆえに友添の研究ではスポーツの「定義」は不在である。また久保正秋（2010，pp. 14-18）はキーティング（J. W. Keating）の議論から，「スポーツ（S＝sports）：楽しみに方向づけられた活動」と「スポーツ（A＝athletics）：勝利に方向づけられた活動」の2つに分け，その分岐はスポーツの価値を，スポーツの実践する者によって変わりうる相対的なものであると考えている。同様に大橋道雄（2011，p. 151）も「遊戯的スポーツ（Play）」と「競技スポーツ（Athletic）」に分けて検討している。このようにスポーツを分離する概念的な議論は多く散見するものの，「スポーツ」それ自体を説明する定義づけの議論は皆無に等しい。つまり先行研究では，「数学的定義」は見当たらない。

　次に，スポーツ科学辞典（日本体育学会監修，2006）より，スポーツの概念と定義を概観する。

　表3の上段部分はスポーツ（sport）で下段部分はスポーツ（sports）である。これからも分かるように，何が定義で何が概念か判然としない。かつ3つの意味がある。例えば，上段部分の①の「プロフェッショナルスポーツ（実利的）」に対して②「ウォーキングやジョギングなど，非実利的な身体活動であればスポーツ」は意味が異なる。また①の歴史性の「社会的な認知を得るまではあくまでもスポーツ的活動であって，スポーツとはいえない」とあるが「社会的な認知を得るまで」とは不得要領な記述である。さらに③のチェスは「特殊な使われ方であってスポーツの一般的な意味ではない」と断言しているが，

表3　スポーツの概念と定義（スポーツ科学辞典より）

スポーツ sport（服部豊示が執筆, pp. 448-449）

スポーツという言葉には大きく3つの意味がある

①スポーツとはルールに基づいて身体的能力を競い合う遊びの組織化，制度化されたものの総称を意味する

　いいかえれば，遊戯性，競争性，身体活動性，歴史性という4つの要素によって特徴づける文化形象

　ただし，上述の4要素の比重にはかなりの幅がある

　　　遊戯性…プロフェッショナルスポーツ（実利的）や競技スポーツは遊びの要素はあまり<u>重要ではない</u>

　　　競争性…健康スポーツや生涯スポーツにおいてはむき出しの競争心は嫌われ，<u>穏やかさや友愛が好まれる</u>

　身体活動性…ラグビーのように汗だくになるスポーツもあれば，<u>アーチェリーのように身体の揺れを抑え安静時以下の拍動に静めようとするスポーツもある</u>

　　　歴史性…社会的な認知を得るまではあくまでもスポーツ的活動であって，<u>スポーツとはいえない</u>

②健康の保持増進や爽快感などを求めて行われる身体活動のことを指してスポーツと呼ぶことがある

　ウォーキングやジョギングなど，<u>非実利的な身体活動であればスポーツと呼ぶ</u>

③知的な戦略能力を競い合う遊びを指してスポーツと呼ぶことがある

　チェスや将棋は頭脳のスポーツと呼ばれている。歴史的にも，産業革命以前のイギリスではチェスもスポーツの1つとして捉えられていた。ただし，現代においてはあくまでも特殊な使われ方であって，<u>スポーツの一般的な意味ではない。</u>

スポーツ sports（稲垣正浩が執筆, pp. 449-452）

　スポーツの起源は「労働」と「遊び」に求められてきた。すなわち人間の本質は労働にある，あるいは人間の本質は遊びにある。

　スポーツは文化である以上，それぞれの時代や社会が求めたコスモロジーや時代精神に応じて，さまざまに姿形を変えてきた。古代には古代の，中世には中世の，そして近代には近代のスポーツが華ひらいた。

以下は，スポーツ科学辞典に記載されている「××・スポーツ」と称する一例である。
「ヴィジョナリー・スポーツ」「ギャンブル・スポーツ」「競技スポーツ」「儀礼スポーツ」「スペクテイター・スポーツ」
「民族スポーツ」「メディア・スポーツ」など

（注1）（社）日本体育学会監修（2006）の pp. 448-452の「スポーツ」に関するものを筆者がまとめた。
（注2）上段の「スポーツ sport」の下線部分は筆者である。
（注3）この表は関（2020, p. 120）に掲載されたものを若干修正したものである。

その根拠が不明瞭である。スポーツの定義が不在であるにもかかわらず，なぜ，このような議論が成立するのか不可解である。

　下段部分では「××・スポーツ」の一例を紹介しているが，スポーツは「す

る」だけではなく，「みる」「支える」「賭ける」など様々な機能を有している
ことが分かる。そこでスポーツに関わる人（人間）を考察するために「スポー
ツマン（sportsman）」を辞書から検討する。特にスポーツは外来語であるた
め，複数の英和辞典を用い，日本語の辞書は広辞苑，スポーツ科学辞典を選定
し表4にまとめた。

　その結果，英和辞典と日本語辞典では大きく意味が異なっていた。英和辞典
では，狩猟，魚釣りをする人のことをスポーツマンと捉えていることが分かっ
た。この意味は，スポーツ科学辞典では丁寧に解説されており，その一部分を
紹介すれば「16-17世紀のイギリスでは，狩猟は国王・貴族（＝特別に選ばれ
た者）による余暇活動（＝ハレの日の行為）だった（日本体育学会監修，2006，
p. 378)」がある。またスポーツマンには博徒，賭博者なども含まれる。刮目
すべきは，「勝負にこだわらない人（リーダーズ英和辞典）」であるが，この含
意はスポーツを純粋に嗜好する「愛好家」のことを指しているものと推察され
る。この精神性は，スポーツマンシップ，アマチュアリズムの根源である。た
だし，表3の下段部分でみてきたように，スポーツには多種多様な機能があり，
それに関わる人（人間）の価値観も多様性をもつ。これらの意味を整理するた

表4　スポーツマンの辞書的定義

ジーニアス英和辞典 第5版	1．スポーツマン，スポーツ愛好者，運動家。《戸外スポーツ，特に狩猟・釣り・乗馬などを愛好する人で，日本語の「スポーツマン」とはずれることもある》 2．スポーツマンシップを持っている人，正々堂々とした人
リーダーズ英和辞典 第3版	1．スポーツマン，運動好きの人，スポーツマン精神をもつ人，正々堂々とやる人，勝負（などに）にこだわらない人 2．《古》競馬師，博徒
ランダムハウス英和大辞典 第2版	1．スポーツマン，運動家：特に狩猟，魚釣り，競争のような野外スポーツをする人 2．（公平さなどの）スポーツ精神を持った人 3．《古》（特に競馬の）賭博者，博徒，勝負師
広辞苑　第七版	運動競技の選手。またスポーツの得意な人
スポーツ科学辞典	スポーツマン自体の説明はなし ただし「狩猟」のところで「スポーツマンとはこういう人たち（＝狩猟家）をさす用語である」という記述がある（p. 378)

（注）この表は関（2020，p. 120）に掲載されたものを若干修正したものである。

めにも「スポーツマン」という概念を抽象化する必要がある。そこで本書では，スポーツ（sport）に関わり合う人（人間）のことを「スポートマン（sportman）」とし，表4のような辞書的な意味でのスポーツマン（sportsman）とは弁別する。尚，「man」は男性を指すのではなく「人（人間）」を示している。

第2節　スポーツの定義

　人間が何かしらの行為する際には，必然的に身体を用いて動くため，「身体」「活動」「運動」といったスポーツの定義づけでは，清掃，調理，建築などの活動もスポーツと成りえるし，これらには「技術」「卓越性」も包含されるため，何でもかんでもスポーツになってしまう。そこで，スポーツの共通した認識を論理として捉えるために，本書におけるスポーツの定義づけは，表2と表3のスポーツの概念を「数学的定義」として抽象化する。

　まず，一般的なスポーツの概念として広辞苑（第七版）の辞書的定義（表2）を確認してみよう。

> 　陸上競技，野球，テニス，水泳，ボートレースなどから登山，狩猟などにいたるまで，遊戯，競争，肉体的鍛錬の要素を含む身体運動の総称

　後半部分「遊戯，競争，肉体的鍛錬の要素を含む身体運動の総称」は，「競争」以外は曖昧模糊な説明であり，数学的定義としては相応しくないため捨象する。一方，前半部分は「陸上競技，野球，テニス，水泳，ボートレースなどから登山，狩猟など（傍点は筆者）」と明確な代表例を挙げているが，「陸上競技，野球，等々」と「登山，狩猟」の間には微妙な境界線が引かれている。この境界線が意味するところを，表3のスポーツの概念と定義から検討してみよう。すると，「陸上競技，野球，等々」と「登山，狩猟」の違いは，表3の「①スポーツとはルールに基づいて身体的能力を競い合う遊びの組織化，制度化されたものの総称を意味する」と「②健康の保持増進や爽快感などを求めて行われる身体活動のことを指してスポーツと呼ぶことがある」の相違であることが分かる。この相違は「ルール」を包含しているか否かである。

　「ルール」は「スポーツ」と「スポーツモドキ」を線引する基準になるものであり，そして「ルール」は「競争」を成立させるための必要条件である。「競争」とは「勝負・優劣を互いにきそい争うこと（広辞苑第七版）」であり，2人以上いることが絶対条件となる。「登山，狩猟（表2）」「ウォーキングやジョギングなど（表3）」は基本的に1人でも行うことができ，「ルール」や「競争」は必要ではない。1人で行う「ジョギング，スイミング」は「スポーツモドキ」であり，2人以上で行う「競走，競泳」は「スポーツ」である。すなわち「スポーツ」と「スポーツモドキ」の線引きは，「ルール」「競争」があるかないかである。この2つの条件は，スポーツを論じるための「数学的定義」として妥当であり，役立つものである。

　そこで本書は，スポーツの「数学的定義」として，以下に定義づける。

スポーツとは，（条件1）から（条件5）を充たすものである。
The sport meets the conditions from （1）to（5）.

（条件1）完結性：開始と終了で閉じている
（条件2）競争性：勝利を求めて2人以上で競う
（条件3）規則性：スポートマン同士が同意したルールから成る
（条件4）自主性：自主的である
（条件5）完備情報性：不完備情報ゲームは含まない

　この「スポーツの定義」に基づいて，本書におけるスポーツの意味解釈を次に整理しておきたい。

　（条件1）完結性の条件は，スポーツは任意の開始と終了で閉じていることを意味し，野球の「プレイボール／ゲームセット」，徒競走の「スタート／ゴール」などである。例えば「ラジオ体操」も開始と終了の音楽で閉じているので，一瞥すればスポーツといえるが，次の（条件2）の定義より棄却される。

　（条件2）競争性の条件は，勝利を求めて2人以上で競う活動のことであり，「競争（competition）」とは，闘争と協調の中間に位置づけられ，元来，複数のスポートマンが一定の明示的・非明示的ルールの下で何らかのマナーを守り

ながら勝利を求めて競うことを意味する（島津格，2015）。このように定義することによって，先の「ラジオ体操」がスポーツではないことを証した。また2人以上という定義より，「1人で登山する」「1人でベンチプレスのトレーニングをする」「1人で泳ぐ」「親子で何となく散歩する」「複数で単にスキーをする」などの活動はスポーツに含まない。これらは運動（活動）である。それでは，「戦争」はスポーツといえるのであろうか。次の（条件3）の定義からの吟味が求められる。

　（条件3）規則性の条件は，スポーツマン同士が同意したルールから成る活動のことである。まずは「ルール（rule）」の「辞書的定義」を確認するが，「ルール」は「規則。通則。準則。例規（広辞苑第七版）」である。つまり各種目の「競技規則（Rule Book）」のことであり，共時的にも通時的にも認知できるものである。「ルール」は，任意の選手，審判のみならず，用具メーカーや観戦者など全てのスポーツマンが同意したものである。既述で問題提起した「戦争」では当事者の同意の有無もさることながら，兵士数，武器の規制などを明記した競技規則がないことから，（条件3）の規則性よりスポーツには該当しない。さて「条件1」「条件2」「条件3」を充たす「裁判」はどうであろうか。

　（条件4）自主性の条件は，あくまでも自主的である。「自主[4]」の定義を施すことが相当の困難を伴うが，取り敢えず「辞書的定義」では「他からの干渉や保護を受けず，独立して行うこと」である。さて，「裁判」であるが，訴えられた被告人は本人の「同意」ではなく，法（無条件）の強制による出廷が義務づけられ自主的ではない。ゆえにスポーツではない。さらにスポーツと同義に扱われる学校教育における「体育」から，この条件を検討してみたい。小学校，中学校，高等学校における「体育」は必修のカリキュラムであり，履修に対して自主性を問われることはなく強制である。しかしながら，「体育」が好きな生徒にとっては自主性を伴う活動となりスポーツのようにみえる。しかしながら，「体育」は正規カリキュラムであるがゆえに，学業成績が付与され自主性が干渉を受けるためスポーツではない。ただし，「ある体育」の授業内の「ある時間帯」において，（条件1）から（条件5）を充たすバスケットボールの試合を行う際，その「ある時間帯（空間）」は「スポーツ」である。つまり「体育」には「スポーツ」を包含する空間（時間帯）があるといえる。

　（条件5）完備情報性の条件は，必要となる情報が完全に備わっており可視化できることである。不完備情報ゲーム（game with incomplete information）はスポーツに含まない。これは本書の「宣言」である。不完備情報ゲームとは，相手の取りうる戦略や利得関数が分からないゲームのことである（例えばRobert Gibbons，邦訳1995，鈴木豊，2016，岡田章，1996などを参照）[5]。スポーツは，お互いの情報（例えば，スターティングメンバー，バックアップメンバーなど）が，全てのスポートマンに完備された情報のもとで競うから公平性が備えられていよう。つまり「スポーツ」は「完備情報ゲーム（game with complete information）」でなければならないというのが，本書の積極的な「宣言」である。そうした意味において，「麻雀」「花札」「ポーカー」「ボードゲーム」などはスポーツに含まない。2つ理由がある。1つめの理由は，表2と表3で考察した多くの先行研究のスポーツの概念は「完備情報ゲーム」である。ゆえに「不完備情報ゲーム」は，社会が広く認識する「スポーツ」とは隔たりがあると考える。2つめの理由は，これらのゲームは（条件1）から（条件4）までの定義を満たしているものの，「運／不運[6]」の要素が強いからである。むろん，スポーツには少なからず「運／不運」が付きまとうため，「不完備情報性」をスポーツの定義として認める議論があってもよいし，それを否定することもできない。同様に本書のスポーツの定義を誰も否定することはできない。そうした意味において「条件5」は本書が主張する存意である。絶対的な定義などは存在せず，「数学的定義」とは随意的であることへの理解こそが大切である。既述のクランストン（邦訳1976）がいうように，任意的な定義は「役に立つ定義」と「役立たずの定義」のどちらであるかだ。本書のスポーツの定義は，これまでのスポーツ概念を通時的かつ共時的に吟味したものであり，前者として受け入れられることを庶幾する。

第3節　スポーツと遊び

　前節の通り，スポーツと遊びは相性が良く，カイヨワ（Roger Caillois，1913-1978）の研究は，スポーツの研究者に多く支持され引用しつづけられている。「スポーツは遊びか否か」の議論に備え，本書と比較し検討する。カイヨワ（邦

訳1990）の有名な「遊び」の基本的な定義は以下の6つである。

1．自由な活動：
　　遊戯が強制されないこと
2．隔離された活動：
　　あらかじめ決められた明確な空間と時間の範囲内に制限されていること
3．未確定な活動：
　　ゲーム展開が決定されておらず，事前に結果が分からないこと
4．非生産的活動：
　　財産や富を含め，いかなる種類の新要素も作り出さないこと
5．規則のある活動：
　　約束ごとに従うこと
6．虚構の活動：
　　日常生活と対比した場合，明白に非現実であること

　カイヨワの遊びの定義と本書のスポーツの定義を対応づける（表5）。
　対応づけられなかったのは，遊びの定義の「4．非生産的活動」「6．虚構の活動」，スポーツの定義の「（条件5）完備情報性」の3つである。1つめの「4．非生産的活動」であるが，スポーツは「生産／非生産」は問わない。後述するスポーツの価値と関わるが，あくまでもスポーツを道具立てとした場合，どのように扱うのかはスポートマンに委ねられる。2つめの「6．虚構の活動」

表5　「遊び」と「スポーツ」の対応づけ

ロジェ・カイヨワ 遊びの定義		本研究 スポーツの定義
1．自由な活動		（条件1）完結性
2．隔離された活動		（条件2）競争性
3．未確定な活動		（条件3）規則性
4．非生産的活動		（条件4）自主性
5．規則のある活動		（条件5）完備情報性
6．虚構の活動		

（注）この表は関（2020，p. 123）に掲載されたものを若干修正したものである。

であるが，これもスポーツでは「日常／非日常」は問わない。スポーツを生業とするプロフェッショナルなスポートマンは，「スポーツならびにスポーツ的活動（次節で議論）」の時間の方が日常時間よりも長く，「現実／非現実」は曖昧である。3つめの「（条件5）完備情報性」は，スポーツには含まれるが「遊び」には含まれていない。この決定的な理由は，「遊び」の分類にはアレア（Alea）という「遊戯者の力の及ばぬ独立の決定の上に成り立つすべての遊び（カイヨワ，邦訳1990，p. 50）」，すなわち「運（luck）」を許容しているからである。既述したようにスポーツにも「運」の要素は多少なりとも入りうるが，その要素をスポートマンが可能な限り克服できるような条件がスポーツには付与されている。例えばカード・ゲームにおいては，配給されたカードの種類によっては技術よりも運が勝ることが多々ある。同じようにスポーツにおいても「組み合わせ抽選会」などは「運」の要素が伴う。しかしながら，スポーツではスポートマンの努力で「シード権獲得」「予選免除」などの優遇を獲得することが可能である。そのためスポーツの定義には，「運」を許容しない「（条件5）完備情報性」があり，「遊び」とは峻別される。

第4節　スポーツと練習

　本節の解説は，練習はスポーツに含まれるのかを検討する。言い換えれば「練習はスポーツなのか」である。

　はじめに「練習」の定義であるが，川谷茂樹（2013，p. 786）に依拠すれば「練習とは，試合で勝つための手段として行われる活動」であるとし，次の性質があることを原理的・哲学的に考察している。「練習」の原論である。

　　非完結性：練習は試合があってはじめて完結するのであって，練習自体では自己完結できない。
　　不確実性：今やっている練習が「よい練習」かどうかは，試合になってみないと分からない。
　　偏在性：食事や睡眠というような活動も，競技者にとっては練習になりうる。
　　非自己目的性：練習それ自体は自己目的ではありえない，自己目的になって

しまったらそれはもはや練習ではない。

派生性：練習は試合から派生する活動である。

堕落傾向性：練習はややもすれば「練習のための練習」に堕落するという傾
　　　　　　向をもつ。

更新性：常に「よりよい」，新しい練習方法がありうる。

原理的不要性：原理的にやらなくてもよい活動。

　川谷の「練習原論」と本書の「スポーツの定義」を照らし合わせてみれば，
「練習」は「スポーツ」に含まれないことが分かる。例えば，野球の「キャッ
チボール」はあくまでも「練習」であって「スポーツ」にはなりえず，食事や
睡眠も「練習」の一部かもしれないが「スポーツ」それ自体ではない。「練習」
はあくまでも「練習」であり，スポーツと境を接する活動は「スポーツ的活動」
である。しかしながら，「スポーツ的活動」の「キャッチボール（練習）」から
「キャッチボール（スポーツ）」へと化することは可能である。スポーツの定義
を充たす構造にすればよい。以下は例示である。

> 「キャッチボール（練習）」から「キャッチボール（スポーツ）」へ

（条件1）完結性：始めと終わりを決める

（条件2）競争性：勝利を求めて2人以上で競う

（条件3）規則性：「1人5球で一番遠くへ投げたものが勝ち」などのルールを
　　　　　　　　　決める

（条件4）自主性：希望者を集う

（条件5）完備情報性：無作為に様々なボールを割り当てたりしない。例えば，
　　　　　　　　　　　重いボールや軽いボール，大きなボールや小さなボー
　　　　　　　　　　　ルなど。

　ここで重要なことは，「練習」は「スポーツ」にもなるということである。
逆に，「スポーツ」の「条件2（競争性）」を取り除けば「練習」になる。

　川谷の議論においても実は「スポーツ」の定義がない。どうやら川谷は公式

試合をスポーツと捉えており，「練習試合（目的：強くなること）」と「公式試合（目的：強さを決定すること）」を区別しうる唯一の契機は目的だと述べている。しかし，厳密にいえば「練習試合」と「公式試合」の目的の違いも微妙である。「練習試合」であっても強さを決定する真剣勝負の場がありうるし，「公式試合」であってもすでに順位が決定した後の試合は消化試合と化し，真の強さを決定するには至らない試合もある（例えばリーグ戦の最終戦など）。本書の視座からいえることは，「練習試合」「公式試合」のどちらであっても，本書におけるスポーツの定義が充足された活動であれば「スポーツ」である。

　第1章では「スポーツとは何か」という原初の問いに対し，「数学的手続き」からスポーツの定義（条件）を導出した。同義語の「試合／ゲーム／競技／大会」などは必ずしも「スポーツ」とはいえない。「試合／ゲーム／競技／大会」などが「スポーツ」か否かを問うのであれば，本書におけるスポーツの定義を充たしたものであるのか，判断の基準はこの1点だけである。

第5節　スポーツと身体活動

　読者の中には本書のスポーツの定義は狭義に限定し過ぎだと感じられた方もいるのではなかろうか。その理由は，「健康のためのウォーキング」「気晴らしのスキー」などの身体活動を除外することに疑問を禁じえないのだと思う。確かにこれらの身体活動は，仕事や労働に付随しているのではなく，生活上は体を動かす必要はないのに，敢えて身体運動を強いるので「スポーツ」という概念に学問的にも含められている[7]。筆者もこの学問を学び，この考え方に疑うことなくこれまで研究に従事してきた。しかしながら，最近はスポーツの概念が拡張し過ぎてしまい，スポーツといいながら「それってスポーツなの？」「それってスポーツと関係ないじゃない？」という議論が多い[8]。つまり，議論における「スポーツ」の定義が不在のものがほとんどである。学問をする上で厳密な定義が必須であることは言を俟たない。

　本書はあくまでも数学的手続きに基づき数学的構造からスポーツを論じるものである。数学では構造が同じものであれば，全て同じものだと考える。つまり抽象化して物事を捉える。本章では様々なスポーツと呼ばれるものに共通す

る「競争」という構造を「スポーツ」としてつかみ取れるよう定義づけを行った。変な話になるが，例えば「野球」が「スポーツか，スポーツモドキか」といった議論（判断）は，本書の立場では実はどうでもよいことである。単に 5 つの条件を充たすものを「スポーツ」と捉えましょう，というだけのことである。抽象的な世界に入り込み一緒に「スポーツ」を読み解いていきましょう，というお誘いである。

　新たな概念を受け入れるためには，ちょっとした訓練が必要である。数学では，問答無用に天下り的に定義が与えられ，学ぶ側からすれば，なぜその定義が相応しいのか分からないことが多い。そして教える側からすれば，定義をしなければ話（議論）が進まない。鶏と卵の話に似ている。新しい概念をつくるためには，新しい定義に忍耐強く慣れることが必要である。数学という学問はこのようにして進歩している。本書の定義が気にいらなければ，新しい次の定義をつくればよい。ただし「競争」と「非競争」は決して同じ構造にはならない。「競争であり非競争である」は論理的に破綻している。仮に両立させたとしたら，それは何でもありの世界である。

　本節の冒頭に記載した「ウォーキング」「スキー」をなぜ我々は，特に日本人は「スポーツ」という概念で捉えてしまうのであろうか。その理由は教育と環境である。日本では，スポーツは体育と運動部活動に紐づけされ育まれてきたので，そこで学んだ身体活動や練習を「スポーツ」として概念化し捉えているのである（後天的：アポステリオリ）[9]。このように読者が認識してしまうことはやむをえないことである。そのため 1 人で行う運動（エクササイズ）や鍛錬（ワークアウト）なども「スポーツ」として考えてしまう。しかし本書でいう「スポーツ」とは，メタ概念，メタスポーツなのであり，つまりそれはすでに「ある」と考えている（先天的：アプリオリ）。

　図 3 は「スポーツ」の抽象化を「数学」「物理学」に倣い，簡単に説明するものである。数学の「数」の概念，物理学の「運動」の概念は，種類が異なるものを抽象化するのに用いられ，それが数式や法則として表されている。同様に，「スポーツ」においても「競争」という概念から共通した法則（数学モデル）が導き出せるはずであるというのが本書のアイデアである。「？？」に当てはまるものは果たして存在するのであろうか。それは次章以降に書かれている。

図3　数学・物理・スポーツの抽象化

（注）数学の「1」，物理学の「F＝ma」は一例であり，数学，物理学の学問全体を説明するものではない。

■ 註

1）原文は以下である。The word "definition" will be employed to refer to any process making more precise the limits within which a word may be used.

2）ユークリッドの「原論」に関しては多くの著書がある。中村幸四郎ら（2011），斎藤憲（2008），吉田（2014）などの解説を参照されたし。

3）3種類の定義の性質については，拙稿の研究手続きである。関（2022）を参照されたし。

4）「自主」を深く議論すると別の研究テーマとなる。筆者は部活動の定義の条件の1つとして「自主性」を導出した。部活動の定義における「自主性」とは，「部活動の入部・退部が自由な活動であること」である。詳しくは筆者（2022）を参照されたし。

5）非完備情報ゲームは，ゲーム理論（game theory）の1つである。ゲーム理論は，ジョン・フォン・ノイマン（John von Neumann，1903-1957）とオスカー・モルゲンシュテルン（Oskar Morgenstern，1902-1977）の2人によって誕生した理論であり，共著書『ゲーム理論と経済行動，Theory of Games and Economic Behavior』がはじまりという学説が根強い。しかし「ゲーム理論」のルーツについては，諸説あることへの留意が必要である。

6）「運／不運」については「遊び」と関わるため，次節にて詳しく議論する。

7）清水紀宏（2017，p. 14）によれば，このような人間の自発的な身体運動は「意図的運動現象」と呼ばれている。

8）本来であれば具体的な研究を列記すべきであるが挑発的になるため本書では避けるが，スポーツに関連するような話題が，実は医療，健康，人間工学，観光学などの他領域の研究と呼ぶに相応しいものが多い。学際的な交流が求められる今日ではあるが，スポーツ研究の足場だけは固めておきたいというのが本書の主張である。

9）詳しくは筆者（2015），神谷（2015），中澤（2014）などを参照されたし。

第2章

 ## スポーツの定理

第**1**節　スポーツの公理

　「公理」とは，論証がなくても自明とされる前提のことであり，無条件に認められ，定義や証明の前提となる根本命題のことである。「公理」は，批判や否定できるものではなく，あくまで理論の前提となる仮説をとる立場である。同じような概念をもつ「公準」という言葉もある。一般的には「公理＝共通概念」，「公準＝要請」であるが，まずは「公準」について説明する。

　「公準」は，「議論のはじめに前提される基礎的な言明である（佐々木力，2017，p. 490)。この説明では「公理」と同じで，証明抜きに正しいとする概念に理解されうる。「公準」の初出はユークリッド原論で，定義の後に「次のことが要請されているとせよ」というお断りから，第1公準から第5公準まで示されている[1]。佐々木（2017，p. 490）によれば「公準は自明な真理として解釈された時代もあったが，今日の文献学研究によれば，古代ギリシャの弁証法的問答法において，議論の出発点において，一方の当事者が他方の当事者に前提的に要請した言明であった」と理解されている。つまり議論をする前の出発点として，確認事項を確認するよう要請したということである。中村ら（2011）の解釈では，古代ギリシャの時代では「定義」「公準」「公理」の3つを，あまり明確に区別して使っていなかったようだ。佐々木（2017，p. 504）は「広義には『公準』も『公理』の1種と見られる」と述べている。以降，本書においても「公準」と「公理」は区別せず，「公理」に統一し用語使用する。これは宣言である。次に「定義」と「公理」を区別するため，また混乱を避けるため，「公理」の概念を吟味する。

　まずはユークリッド原論の「公理」として有名な「全体は部分より大きい[2]」

をみてみよう。この公理によれば「部分をいくら集めても，その集めたものを全体とするので，必ず全体の方が大きい」という仮説である。この約束事は，この仮説を正しいということで，今後の議論を進めていきましょうというものである。この約束事は便宜上の仮説であり，これを検証したり証明したりする必要性はなく，ただ単に対話的弁証法における議論の出発点である。とはいえ，読者の中には「全体は部分より大きい」という約束事（仮説）は，真であるのか気になった人もいるかと思うので注を読んで欲しい[3]。

　佐々木（2017，p. 504）は，ダーヴィット・ヒルベルト（David Hilbert，1862–1943）以降の現代においては，「公理」は仮説性を持ち続けることが明らかにされているという。そして現代数学では，「公理」はほとんど例外なく，理論の出発点となる仮説とみなされ，その存在論的な意義や論証などの議論が行われることがない[4]。

　社会学で以下のような「トマスの公理（Thomas theorem）[5]」なるものがある。

　　If men define situations as real, they are real in their consequences.
　　もし，人がある状況を現実であると定義する場合，それは結果において現実である（筆者翻訳）。

「公理」という日本訳となっているが，数学的には「公理（axiom）」「定理（theorem）」であり，原文を活かすのであれば「トマスの定理」という訳が数学的には妥当と思われる[6]。おそらく，命名者は「公理」と「定理」の概念をあまり区別せずに命名したのであろう。数学的な「定理」は，「公理」と「定義」をもとにして証明される法則であり，ある種の理論体系である。仮に，「トマスの定理」を数学的な公理で捉えなおすと「現実を認識できる人間がいる」となる。読者におかれては「そんな当たり前のこと」を大前提にする必要があるのかと驚かれるかもしれないが，本書は数学的手続きに従うものであり，「公理」の導きについても則するだけである。

　さて，スポーツの「公理」について考えてみよう。スポーツの定義を成り立たせるために必要な共通概念は何であろうか。一般的な人文社会科学系の研究

では，あまりにも常識的な事項は，敢えて宣言しないが，数学的手続きには，無条件に必要となる事象を 1 つ 1 つ挙げていかなければならない。当たり前の大前提を「公理」として次に記述する。

　スポーツの「公理」は以下である。
　第 1 公理（公理①）：宇宙が存在する。
　第 2 公理（公理②）：人が存在する。
　第 3 公理（公理③）：言語が存在する。
　第 4 公理（公理④）：コミュニケーションが存在する。
　第 5 公理（公理⑤）：自主的な意思をもつ人間が存在する。
　第 6 公理（公理⑥）：勝敗を理解できる人間が存在する。

　以下，スポーツの「公理」の補足説明を行う。
　公理①の「宇宙」とは壮大な印象をもたれるかもしれない。我々の身近なスポーツはグランド，体育館，プールなどの「場所（場）」があれば成り立つように感じる。しかし，スポーツの定義を充たすのであれば，深海，大気中，他の惑星でも構わない[7]。要するにどこでも構わない。とはいえ，「空間」がなくてはスポーツの定義を充足することができず，全ての「空間」を抽象化させた「宇宙」がスポーツの「公理」となる。本書では「宇宙とは何か？」を問わない。この研究は，哲学，宇宙物理学の範疇である。
　公理②「人」と公理⑤「人間」も基本的には同じ意味である。しかしながら敢えて本書では，「公理②」と「公理⑤」を使い分けている。「人」は固有語，「人間」は社会的存在とする。「人が存在する」の「人」は無条件な個々人であり，「人間が存在する」の「人間」はアリストテレス（1969）の「ポリス的動物」である。つまり本書の「人間」とは，スポーツという抽象の世界において言語，コミュニケーションを駆使することができる存在である。むろん「人」がもつ性質として「言語を有する」「コミュニケーションができる」という条件も付与されると思われるが，この問題を突き詰めていけば「人間とは何か？」となり別の研究テーマとなる。「人」「人間」は，国籍，年齢，民族，性別などは問わず，抽象化し捉えて欲しい。繰り返しになるが，「公理」は自明の真理

として承認されるべきものであり，そうした意味で「人」「人間」が存在する，というのがスポーツの「公理」である。

公理③の「言語」は一般的に記号体系と理解されている。辞書的定義では，言語とは「人間が音声・文字・手指動作などを用いて事態（思想・感情・意思など）を伝達するために用いる記号体系。また，それを用いる行為。ことば。（広辞苑第七版）」である。スポーツの定義を充たすためには「言語」が「公理」として認められる。ルールやレギュレーションに「言語」は不可欠ではあるが，それ以前に無条件に「言語」が存在していなくてはならない。ここでの「言語」は，英語，ドイツ語，手話，プログラミング言語などを「公理」として抽象化したものである。「言語」は，フェルディナン・ド・ソシュール（Ferdinand de Saussure, 1857–1913）が提唱した概念「ランガージュ（le langage）」，邦訳語としては「言語活動」に近い[8]。人間が社会活動する上で無条件に必要なものである。本書では「言語とは何か？」を問わない。これは言語学に委ねたい。

公理④の「コミュニケーション」は「社会生活を営む人間の間で行う知覚・感情・思考の伝達・言語・記号その他視覚・聴覚に訴える各種のものを媒介とする（広辞苑第七版）」である。相手の選手・チーム，審判と意思疎通をはかるためには「コミュニケーション」の存在が不可欠である。「コミュニケーション」は，一般的な言語コミュニケーション，非言語コミュニケーション（non-verbal communication）[9]，音声コミュニケーション，視覚コミュニケーション，嗅覚コミュニケーションなど多種多様ある。本書ではこれらを抽象化し一般化したものを「コミュニケーション」とし，スポーツの「公理」とする。本書では「コミュニケーションとは何か？」を問わない。この研究は，言語学，哲学，認知科学，倫理学，心理学など，学際的な研究に期待したい。

公理⑤の「自主的な意思をもつ人間」についてであるが，そもそも人間には意思が備わっていると思われた読者も多いであろう。本書における「意思」は，何かしらの催しに「参加する／参加しない」といった自由な意思を備えている人間のことである。「公理③」と「公理④」とも関係づく。「意思とは何か？」については哲学ならびに脳科学に期待したい。

公理⑥の「勝敗を理解できる人間」とは，「勝ち」「負け」の概念を持ち合わ

せていることである。そんなことを理解できるのは、人間であれば、決まり切っ
たことであろう、とほとんどの読者は思うに違いない。しかしながら、実はそ
う簡単なことではない。広辞苑（第七版）では、「勝ち＝勝つこと。勝利」「負
け＝負けること。敗北[10]」である。我々は一体、いつ、どこで、誰から、「勝
敗」について教えを受けたのであろうか。もしくは生得的に「勝敗」の概念を
持ち合わせているのであろうか。プラトンの想起説（アマムネーシス）であれ
ば、魂の内なる真理を自らの知性の力によって思い出したということになるで
あろう[11]。筆者個人の経験則であるが、「勝敗」に関しての出会いは幼少時代
の「ジャンケン」だったのではなかろうかと思う。親から教わったことなのか、
想起説なのか、その契機は不明であるが、その頃に「三すくみ（石・紙・鋏）[12]」
の力関係を理解したと思われる。すなわち「勝ち／負け」という概念を理解で
きるようになった。

　もう少し「勝敗」に関する考察を深めたい。野球を例にする。野球規則（ルー
ルブック）の最初の「試合の目的」の2項は次のように記載されている。

　　　各チームは、相手チームより多くの得点を記録して、勝つことを目的とす
　　　る（日本プロフェッショナル野球組織ら（2013）[13]、p. 1、傍点は筆者）。

　「勝つこと」とはどういうことなのであろうか。相手チームよりも多く得点
した場合、その試合に勝つという。そもそも「勝つ」とは「負け」の対義語で
あるようだが、どちらも辞書では説明づけることができない不思議な言葉であ
る。「勝敗」は説明することも解説することもできない実は無定義な言語であ
ることが分かる。この無定義こそが「公理」と呼ぶに相応しく、「公理⑥」は
スポーツの「公理」の中でも特に重要である。

第 **2** 節　スポーツ関数

　スポーツには数学モデルがある。本書が伝えたい重要な結論の1つである。
本節ではスポーツがもつ関数（数学モデル）を説明する。
　タイムを競い合う陸上や水泳に限らず、野球やサッカーといった競技でも記

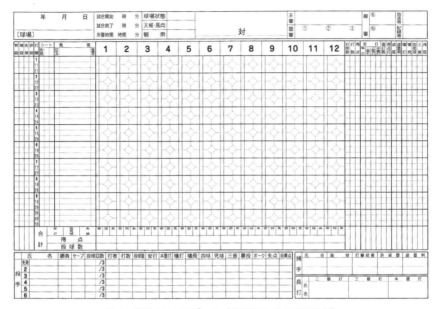

図 4　野球のスコアブック（SEIBIDO SHUPPAN 製）

録をつくったり残したりすることができる。一般的にスポーツの世界では「スコアブック（scorebook）[14]」と呼ばれているものである。

　図 4 は無記入の野球のスコアブックのサンプルである。野球に限らずスコアブックは関数[15]と深く関わっている。関数とは，簡単にいえば数の集合 A から数の集合 B への写像 y = f（x）のことである。数学が苦手な人は，数学は数字のことだと思い浮かべるが，数字以外のものでもむろん構わない。例えば，スポーツで考えると以下のようなことである。ここでも野球を例にとる。

　図 5−1 では「集合（記号）」と「集合（守備）」という 2 つの集合がある。この場合，野球のルールに即して「記号の 1」は「ピッチャー」，「記号の 2」は「キャッチャー」とした。別にこの組み合わせである必要はない。ただの定義であり，取り決めただけである。正誤や真偽は関係ない。ここで重要なこ

記号		守備
1	→	ピッチャー
2	→	キャッチャー
3	→	ファースト
4	→	セカンド
5	→	サード

図 5−1　集合（記号）と集合（守備）

とは，取り決めたことによって自動的に置き換わっていくことへの留意と理解である。尚，野球は先発の9人と補欠の数名で成り立つ競技であるが，紙幅の関係上，本書では5人のみで説明する。

次に「集合（記号・守備）」と「集合（背番号）」を対応づけた写像は図5−2である。

次に「集合（記号・守備・背番号）」と「集合（選手）」を対応づけた写像は図5−3である。ここでは「選手」としたが，固有詞（個人名）を与えることができることが分かるであろう。

最後に，「集合（記号・守備・背番号・選手）」と「集合（打順）」を対応づけたのが図5−4である。

ここまでの関数をスコアブックへ書き込むことができる。つまり写像である（図5−5）。一例のみ確認するが，野球場でウグイス嬢が4番を紹介するとき，「4番，サード，ナガシマ，背番号3」といったアナウンスとなる。

関数で表記すると次である。

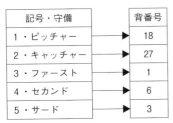

図5−2　集合（記号・守備）と集合（背番号）

図5−3　集合（記号・守備・背番号）と集合（選手）

図5−4　集合（記号・守備・背番号・選手）と集合（打順）

打順	守備	選手	背番号
1	セカンド	ドイ	6
2	キャッチャー	モリ	27
3	ファースト	オウ	1
4	サード	ナガシマ	3
5	ピッチャー	ホリウチ	18

図5−5　スコアブックへの写像

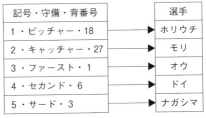

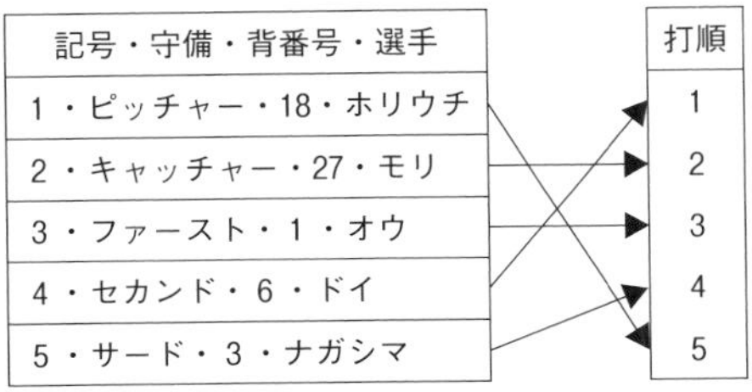

$$y = f (x)$$
$$打順 = f （守備・選手・背番号）$$
$$もしくは，$$
$$（守備・打順・背番号）＝ f （選手）$$
$$の方が一般的であろう$$

　ここまでは試合が始まる前の関数であるが，試合が始まれば，あとは「1球ごと」のパフォーマンス[16]をスコアブックへ写像していくことになる。「定義の条件 1（完結性）」の通り，ゲームセットとなった際にはスコアブックがコンプリートされる（図 6-1，図 6-2）[17]。スコアブックを活用しない（活用できない）競技もたくさんあるが，ここで重要なことは，スポーツの際に活用されるスコアブックという具体的な媒体の存在ではなく，スポーツには「関数」が存在するということである。この「関数」は，スポーツを観ている人間の脳（頭部）の中に備えられており，無意識に関数として計算している。

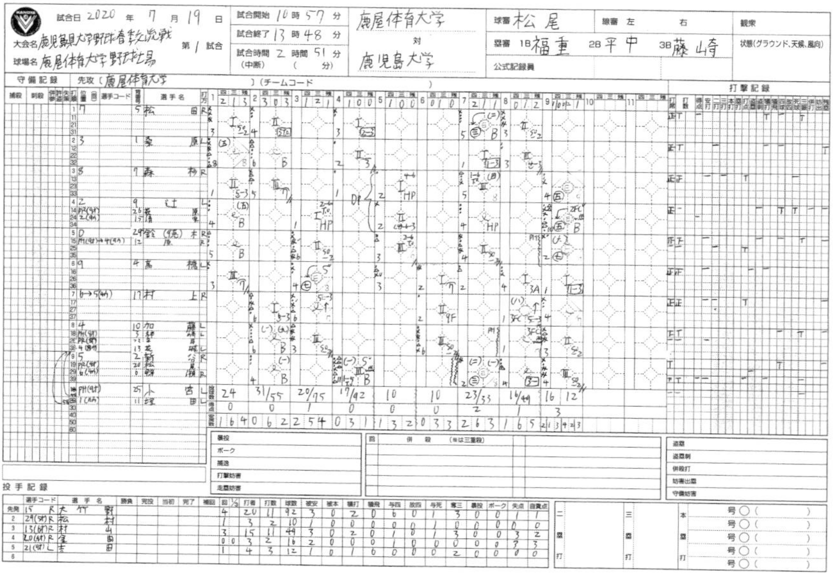

図 6-1　試合後の野球スコアブック（表面）

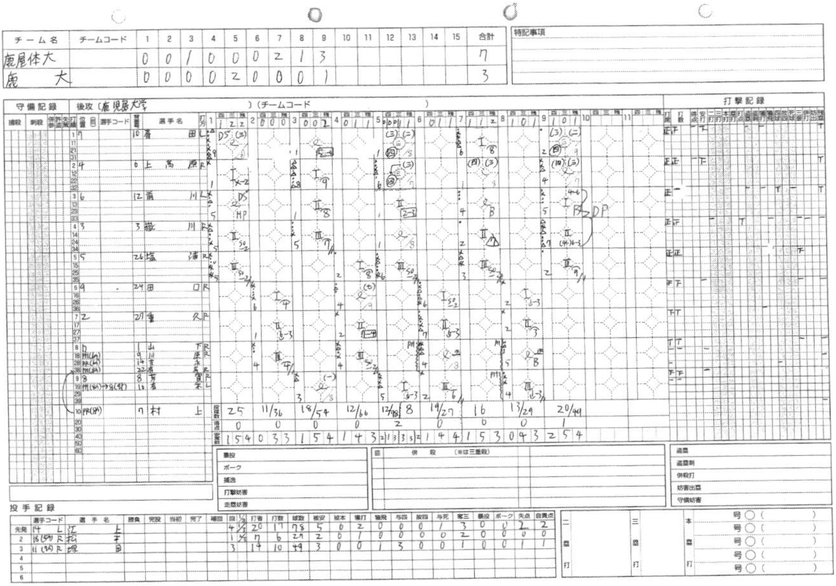

図6-2　試合後の野球スコアブック（裏面）

　野球は「1球ごと」のパフォーマンスで流れているため，関数として把握しやすい。他にもスコアブックを活用する卓球，バレーボールなども1つ1つのパフォーマンスをスコアブックへ写像することが簡便で関数として捉えやすい。以下の関数がスポーツには存在する。これを「スポーツ関数」と命名する。

$$R = S\ (p)$$

R = result（結果）　　S = スポーツ関数　　p = performance（パフォーマンス）

　「スポーツ関数」は，スポーツが存在するならば，必ず存在する。いや，存在しなければならず，存在しないものはスポーツとは呼ばない（呼べない），というのが本書の究極的な主張である。この証明は次節のスポーツの定理で詳しく解説する。

　ではパフォーマンスが途切れず，断続的に流れるサッカー，マラソン，ダンス，柔道，水泳，綱引きなどにおいては，連続するパフォーマンスをスコアブッ

クへ転記することはできるのであろうか。答えはイエスである。

　「スポーツ関数」を使用する 1 つの方法としては，「時間」に着目する手法である。例えば，サッカーであれば任意の時間毎の戦況を断片的に記録すればよい。例えば，井上寛康（2019）はサッカーのトラッキングデータ[18]から集団行動を研究している。以下は研究手続きの 1 部分である。

　　　各プレーヤのフィールド内での位置を 1 秒に25フレーム取得したものである。1 つのデータレコードは，フレーム番号，プレーヤの属するチーム，プレーヤの ID，プレーヤの X 座標，Y 座標を含んでいる。プレーヤは 1 チーム11人のため合計22人，またボールのデータも同様に 1 レコードとなっている。1 試合は約90分のため，約135,000フレームが 1 試合分となる。座標はセンターサークルの中心を（x，y）＝（0，0）として x 座標は ± 5　250cm，y 座標は ± 3　400cm とする（井上，2019，p. 518）。

　これらのデータを基にして「スポーツ関数」を作ればよい。「時間」に着目せずに，水泳や陸上などでは「距離」に着目した「スポーツ関数」を作ることも可能である。

　意外に思われるかもしれないが，本書が意図する「スポーツ関数」は，柔道，綱引き，競技ダンス，競技サーフィン等，「スポーツ」の定義を充たす総てのものを対象にすることができる。本書の積極的な主張は，「スポーツ」は必ず記録を記すことができる，ある物差しが存在するということである。その物差しこそ「スポーツ関数（sport function）」である。

　先のスコアブックとも共通することであるが，任意のパフォーマンスが入力され，「スポーツ関数」を通して変換されたものが出力（結果）されることによって，スポーツが表象される。

　我々は様々な「スポーツをみる」とき，頭の中の「スポーツ関数：R ＝ S（p）」が勝手に起動し，強制的にパフォーマンスを認識している。「公理⑤：勝敗を理解できる人間が存在する」が前提となっており，本書（本研究）では，なぜ勝敗が分かるのかは問わない。図 7 が概念図である。

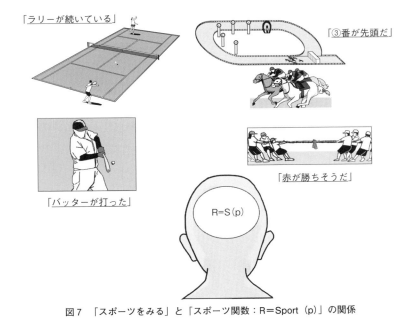

図7　「スポーツをみる」と「スポーツ関数：R＝Sport（p）」の関係

第 **3** 節　スポーツの定理

3-1　「スポーツの定理」の証明準備

　スポーツの定理を証明する準備として，これまでの議論を整理する（図8）。

スポーツ原論

・定義をつくる（具体的事象に共通する関係性を抽出）
　→　議論をするために人が随意的に取り決めた事柄・・・（第1章第2節・参照）議論済

・公理をつくる（スポーツを議論するための前提条件）
　→　論証なく正しいとする事柄・・・（第2章第1節・参照）議論済

・定理を発見する（不変普遍な構造）
　→　公理から導き出され，定義の言葉のみで構成され，真であることが証明できる事柄
　　　・・・本節および第3章第3節，第4章第3節

図8　これまでの議論の整理（図2を改編）

表6-1　スポーツの定義

スポーツとは，（条件1）から（条件5）を満たすものである

条件1	完結性	開始と終了で閉じている
条件2	競争性	勝利を求めて2人以上で競う
条件3	規則性	スポートマン同士が同意したルールから成る
条件4	自主性	自主的である
条件5	完備情報性	不完備情報ゲームは含まない

表6-2　スポーツの公理

公理①	宇宙が存在する
公理②	人が存在する
公理③	言語が存在する
公理④	コミュニケーションが存在する
公理⑤	自主的な意思をもつ人間が存在する
公理⑥	勝敗を理解できる人間が存在する

また，これから「スポーツの定理」を議論する上で，参照しやすくするため，「スポーツの定義」と「スポーツの公理」を再編成した（表6-1，表6-2）。

3-2　「スポーツの第1定理」の証明

スポーツの第1定理：スポーツは「スポーツ関数：$R = S(p)$」をもつ。
以下が証明である。

> スポーツの定義「条件3」から，任意のスポーツは大きく3つのルールが存在する。1つめのルールは競技規則に記載されている用語（定義）である。例えば，バレーボールであれば，「ネットの高さ」「コートの広さ」などの環境面，そして得点による勝敗の決定などである。2つめは「行動の制限」である。例えば，サッカーであれば「ボールを手で扱ってはいけない（ゴールキーパーを除く）」，「相手を蹴ってはいけない」などである。3つめは「判定」である。任意のパフォーマンスに対する判定であり，例えば，フィギュアスケートであれば，任意のジャンプに対して「○点」を与えるなどのことである。
>
> スポーツの定義「条件2」に従えば，2人以上が，任意のルールの中で何かしらのパフォーマンスをする。そのパフォーマンスの結果，勝敗を決めなければならない。1つ1つのパフォーマンスは単なる物理現象であるが，勝敗を決めるためにはその物理現象を抽象化する関数が必要である。つまり，数学モデル「スポーツ関数：$R = S(p)$」がなければ勝敗を決することができない。ゆえに，スポーツには必ず「スポーツ関数：$R = S(p)$」が存在する。

　仮にこの「スポーツ関数：R＝S（p）」が存在しなければ，何かしらのパフォーマンスが存在したとしても，それは単なるパフォーマンスでしかない。例えばラジオ体操には，「ラジオ体操＝f（1つ1つの動き）」という関数が存在するが，それはラジオ体操関数であり，スポーツ関数ではない。なぜならラジオ体操は勝敗を競わないからだ。ゆえにラジオ体操には「スポーツ関数：R＝S（p）」はなく，スポーツではない。この証明方法は背理法[19]である。

　スポーツは「スポーツ関数：R＝S（p）」をもつ
　Q.E.D.[20]

3-3　解　　説

　私が専門とするスポーツマネジメントでは，スポーツを捉える概念として「するスポーツ」「みるスポーツ」「支えるスポーツ」がある[21]。これらの全ての概念の背後には「スポーツ関数：R＝S（p）」が存在し，この関数がスポーツの根源といってよい。「古代ギリシャのオリンピア」「小学校の運動会」「F1レース」など，これらには接点がないようにみえるが，実は数学モデルに収められている。そして「スポーツ関数：R＝S（p）」は，「運動」「遊戯」などと区別する1つの記号であり，「スポーツ」と「スポーツモドキ」を類別するものである。

　数学モデルの「スポーツ関数：R＝S（p）」がどのようにして生まれたのかについては筆者も興味深い。神が創り自然にひそませたものなのか，人間の力によって発明されたものなのか，最終的にはこの問いへ帰結する。しかしながらどちらにせよ，我々がスポーツとする（呼ぶ）ものには，「スポーツ関数：R＝S（p）」があることだけは疑いようのない真理である。

■ 註
1）参考までに5つの「公準」とは次である。中村ら（2011）などを参照されたし。
　　1．任意の点から任意の点へ直線をひくこと。
　　2．および有限直線を連続して一直線に延長すること。
　　3．および任意の点と距離（半径）をもって円を描くこと。
　　4．および全ての直角は互いに等しいこと。

　　　5．および一直線が二直線に交わり同じ側の内角の和を二直角より小さくするなら
　　　　ば，この二直線は限りなく延長されると二直角より小さい角のある側において
　　　　交わること。

2）　8 番目の公理である。

3）　「全体は部分より大きい」の反証としてガリレオ・ガリレイ（Galileo Galilei）が1638
　　年に唱えた有名なパラドックスがある。「ガリレオのパラドックス」と呼ばれている。
　　簡単に説明すれば，範囲の問題であり，無限の範囲では，部分を取り出したとして
　　も全体と同じ 1 対 1 の対応となることがある。つまり部分と全体がどこまでいって
　　も等しい。「全体は部分より大きい」が成り立たなくなる。数学基礎論ではこのよう
　　な議論が行われている。S. C. Kleene（1980）を参照。

4）　ただし，「公理」の妥当性や矛盾性を研究する数学基礎論という学問領域があること
　　への留意が必要である。

5）　W. I. Thomas & D. S. Thomas（1928）

6）　「トマスの公理」が真の理論であり定理であるのかは本書では問わない。

7）　一例として，大気中で行われる飛行機レースの「レッドブル・エアレース（Red Bull
　　Air Race）」がある。究極の 3 次元スポーツと呼ばれている。

8）　ソシュールの邦訳初版は小林英夫である。また丸山圭三郎はソシュール研究の第一
　　人者である。

9）　非言語コミュニケーションの代表的な研究としては Tim Wharton（2009）がある。
　　深く勉強したい読者は是非とも参照されたし。

10）　蛇足となるが，「負け」には「値段を安くすること。また，その代わりの景品。おま
　　け」という意味もある（広辞苑第七版）。

11）　プラトン（1994）（1998）などを参照されたし。

12）　守能信二（2007）は，ジャンケンからスポーツルールの論理を研究している。スポー
　　ツルールに関する研究として秀逸な著書である。

13）　日本プロフェッショナル野球組織以外には，日本野球連盟，日本学生野球連盟，日
　　本高等学校野球連盟，全日本軟式野球連盟がある。

14）　「scorebook（スコアブック）」は英和辞典には載っているが，英英辞典には載ってい
　　ない。類語として「scorecard（スコアカード）」がある。以下，意味（Oxford Diction-
　　nary of English Second Edition Revised, 2005）と筆者の翻訳である。
　　(in sports) a card, sheet, or book in which scores are entered.
　　（スポーツの場合）スコアが入力されたカード，シート，または本。

15）　「関数」は「函数」とも表記されるが，本書は「関数」で統一する。

16）　日本では「プレー」と呼ぶ方が一般的ではあるが，本書では「パフォーマンス」と
　　する。

17）　この手書きのスコアブックは鹿屋体育大学の藤井雅文先生から提供いただいた。藤
　　井先生は鹿屋体育大学野球部の監督である（2022 年 2 月 3 日現在）。

18）　トラッキングデータとは，簡単に説明すれば「選手やボールなどの位置の時系列デー
　　タ」である。

19）　辞書的定義によれば，「ある命題の否定を真とした場合にそこから不条理な結論が出

ることを明らかにして，原命題が真であることを証明する仕方。間接還元法。帰謬
法。（広辞苑第七版）」

20）Q.E.D.（Quod Erat Demonstrandum）とは証明終わりという意味で，数学の証明の
末尾を示す。

21）これ以外にも「知るスポーツ」などがあるが，動詞を変えると対象が増える。例え
ば「考えるスポーツ」「読むスポーツ」。

第3章

スポーツのルール

第 **1** 節　これまでのスポーツのルールをめぐる議論

　スポーツのルールは平等なのであろうか[1]。本節では，スポーツの定義「条件3：ルール」に関するこれまでの議論を整理する。そのための手段として，いくつかの学術書を手掛かりとし，スポーツのルールにおける平等・公平に関係する議論を取り上げてみたい。以下が辞書的定義（広辞苑第七版）である。

　　平　　等：かたよりや差別がなく，すべてのものが一様で等しいこと。へいとう。
　　公　　平：かたよらず，えこひいきのないこと。
　　不平等：平等でないこと
　　不公平：とりあつかいなどにかたよりがあって，公平でないこと
　　（参考）公正：公平で邪曲のないこと。明白で正しいこと。
　　（参考）対称：互いに対応してつりあっていること。

　大村敦志（2008）は「法」の立場から，父子の対話編としてスポーツのルールについての公平に着目し議論している（表7）。大村（2004，p. 124）は「体重・性別・年齢・障がいなどいろいろな点で異なる者に対しては，異なる扱いをするのが公平なのか，それとも同じ人間である以上は，同じ扱いをするのが公平なのか」と問題提起し，大事なことはルールを設定する際には，これらの問題をスポーツマンが真剣に考える必要があると示唆している。
　中村（1991，p. 136）はルールの原則として次のようなことを述べている。平等の条件は「両チームの人数を同じにする」「同じスタートラインから走り

表7　スポーツの平等・公平に関する議論

区分	例示
体重別	大相撲は重量制限がないが250kgと100kgの力士の取組は正々堂々なのか 高校相撲は体重別のクラスに分かれている
年齢別	フィギュアスケートで年齢制限のため冬季五輪に出場できなかったこと ゴルフのシニア，リトルリーグで年齢による球数制限など
性別	高校野球は女子が参加できないこと，大学野球は参加できること 競馬のダービーには牝馬が出られ，またハンディキャップがもらえること
障がい者	障がいのある人とない人が一緒に参加すること パラリンピックでの障がいの程度によるクラス分けの問題について

（注1）大村（2018，pp. 114-124）の記述を筆者がまとめたものである。
（注2）ここに取り上げた競技はスポーツの定義を充たすものであり，スポーツである。

出す」「前・後半でコートやグラウンドを交代する」など，どのスポーツでも
重視されている条件であり原則である。そして前述の大村と同様のことを指摘
している。

　　相撲や柔道をみると，体重の異なる選手を対戦させるのは平等の精神に反
　するといわざるをえず，そのため柔道が国際的な競技へと発展したとき，
　レスリングやボクシングと同じように体重制限のルールが設けられ，より
　平等な条件下でプレーできるように変えられた。（中略）バレーボールや
　バスケットボールで平均身長や平均ジャンプ力を平等にするということは
　行われていないし，練習時間や諸経費の支出を平等にするということはま
　だ論議の対象にさえなっていない（中村，1991，pp. 136-137，傍点は筆
　者）。

　中村は「平等」の定義を示していないので論考の意図を明確に理解すること
はできないが，辞書的定義の「かたよりや差別」を忌避すべきだと指摘してい
るように思える。この引用に加え，陸上競技の長距離走における高地トレーニ
ングを例とし，高地トレーニングを行うことによる有利不利をなくすために，
クラス分けとして「高地トレーニング群」と「非高地トレーニング群」と区分
した方がよいのではないかと述べている。トレーニング内容や方法も「平等」

にするという 1 つの考え方を暗示している。これはこれで筆者は興味深く面白い意見だと思う。

　ここで重要なことは「平等」の定義もさることながら，中村の論旨は「スポーツの定義」を欠いている。そのため「スポーツ」と「トレーニング（練習）」が混在した議論となり「スポーツ」の外延が定まらず空転している。

　生島淳（2003）はジャーナリスティックな視点から『スポーツルールはなぜ不公平か（傍点は筆者）』という書籍を刊行している。氏は，欧米のスポーツのルールのルーツを詳細に考察し，日本人が金メダルを獲ると，なぜルールが変わってしまうのかなど，勝ち負けを決定づける規則の本質を探っている。特に，日本の競泳，ノルディックスキーなどが国際大会で活躍すると，その後にルール改正が行われる事例を取り上げ「不公平」だと揶揄している。「不公平」の辞書的定義は「とりあつかいなどにかたよりがあって，公平でないこと（広辞苑第七版）」であるが，これは「公平」の反意語であり「全てのものが一様に等しくないこと」と解せる。実はスポーツの「ルール」は，スポートマン同士にとって必ずしも「公平」である必要はなく，「不平等・不公平」であっても構わない。つまりルールの非対称性を承諾しているのである。以下「平等・公平」を「対称性」，「不平等・不公平」を「非対称性」とする。実は，スポーツの定義「条件 3 ：規則性」の「スポートマン同士が同意した」は強力な取り決めなのである。

第 **2** 節　スポーツにおける不平等・不公平なルール

2-1　巴戦の不平等

　大相撲の巴戦を事例とする。最初に，大相撲はスポーツの定義を充たし，「スポーツ関数：R＝S（p）」を備えた「スポーツ」であることを確認しておきたい[2]。巴戦とは，「大相撲などで，3 人のうち一人が，他の 2 人に連勝すれば勝者となる戦い方（広辞苑第七版）」である。具体的なルールは以下を参照した（馬場裕・山本光，2020，p. 9。傍線部分は筆者の加筆である）。

　1．戦う選手は A，B，C の 3 人

2．1試合目はAとBが戦う

3．n＋1試合目はn試合目の勝者とn試合目に待機していた人が戦う

4．全員の実力は同じ（勝つ確率は1／2とする）

5．誰かが2連勝したらその人が優勝してゲーム終了

ここでA，B，Cの3人の力士の優勝確率は以下となる[3]。

Aが優勝する確率は，5／14（≒35.71％）

Bが優勝する確率は，5／14（≒35.71％）

Cが優勝する確率は，4／14＝2／7（≒28.57％）

初戦で控えに回るCが，確率的に7.14ポイント不利になる。

　巴戦のルールでは，3人の力士の優勝確率に絶対的な偏りが出てしまうことが明らかとなった。「非対称性」である。もしかしたら，読者の中には，1試合目の試合でA，Bは共に体力を消耗してしまうはずだから，2試合目のCの方が勝つ確率が高くなるのではないかと思われた方もいるかもしれない。あくまでも優勝確率は，数学による確率であり，数学モデルに基礎づけられたものである。力士の疲労度や活力などは考慮しない。これはルールの「4．全員の実力は同じ（勝つ確率は1／2とする）」に基づくものであり，あくまでも数学モデルによる確率である。「平等」は「かたよりや差別がなく，全てのものが一様で等しいこと」であるが，3人の力士の優勝確率は明確な偏りがあり，優勝確率が一様ではない。しかしながら，力士たちはこの不平等な確率を受容し，同意した上で参加しているため，相撲（スポーツ）が成立している。すなわちスポーツの定義を充たしているのである。

2-2　ハンディキャップ（handicap）

　スポーツはハンディキャップがあってもよい。つまりスポーツマン同士の「非対称性」を認めることができるのである。スポーツにおけるハンディキャップとは何か，辞書的定義をみてみよう（小松崎敏，2013，p. 278）。

　一定のルールのもとで行う競技・競争において，プレーヤー間の能力に格

差がある場合，優勢と思われる者に対して余分な負担や不利な条件を与え（あるいは劣勢の側に対して有利な条件を提供する），競技結果（勝敗）を予測しがたくすることがある。これによって，ワンサイドゲームといった一方的な競技を回避することができる（傍点は筆者）。

　ハンディキャップを用いたスポーツとしては体育授業が多い。学習者の技能，差，身体差などを考慮し，ゲーム性や挑戦を含ませることができる。体育教員は優秀なハンディキャッパーだということは，あまり知られていない事実であると筆者は考えている。

　スポーツのハンディキャップ制の歴史については，中村（1991）が詳しいが，中村の研究を精緻に整理した近藤良享（2016）の考察を以下にみていこう。

　1860年代のイギリス，ロンドンではアマチュア陸上競技が結成され，通常の競技方法よりも，巧みにハンディキャップをつけたレースの方が盛り上がったらしい。近藤はハンディキャップ・レースを以下にまとめている（近藤，2016，p. 127）（イラスト 1 とイラスト 2 参照）。

①その当時の陸上競技のスタート地点が選手ごとに異なるハンディキャップ・レースで行われていたこと

②そのレースを可能にするハンディキャッパーを職業としていた人がいたこと

③競技会を渡り歩くプロの競技者もいたらしいこと

④当時の競技会は，半数以上がハンディキャップ・レースで構成され，1904年セントルイスオリンピックでもハンディキャップ・レースが行われていたこと[4]

　近藤（2016, p. 126）はスポーツ・ルールの任意性（参加者の相互ルール承認）によって「機会の平等」と「結果の平等」の両方が達成される世界が創造できるとし，それは「ハンディキャップ制＝スポーツの標準化（standardization）」の採用であると示唆している。近藤（2016）は，他のハンディキャップ・スポーツとしてゴルフ，競馬などを挙げ造詣が深い。

**イラスト1　ハンディキャップ・レース（1904年オリンピッ
ク・セントルイス大会）**

H. Bernett（1986, s. 29）の写真を参考に作成したものである。中村
（1991, p. 36），近藤（2016, p. 128）には H. Bernett（1986, s. 29）
の写真が掲載されている。

**イラスト2　ハンディキャップ・レース（1909年ベルリンの陸上競
技大会）**

H. Bernett（1986, s. 31）の写真を参考に作成したものである。中村（1991,
p. 36），近藤（2016, p. 128）には H. Bernett（1986, s. 31）の写真が掲載さ
れている。

第3節　「スポーツ第2定理」と「スポーツ第3定理」

3-1　「スポーツ第2定理」と「スポーツ第3定理」の証明

スポーツ第2定理：スポーツのルールは「平等・公平」とは限らない。

以下が証明である。

　スポーツの定義「条件3：規則性」から，スポーツの成立は，スポートマン同士が同意したルールによって確立されるものである。ルールは「不平等・不公平」であっても構わず非合理を包摂する。なぜならば，スポーツの「定義」の中には，「平等・公平」が含まれないていないからである。

　スポーツのルールは「平等・公平」とは限らない。
　Q.E.D.

　スポーツ第3定理：スポーツのルールは「レギュレーション」「制限」を含む。

　以下が証明である。

　スポーツの定義「条件2：競争性」「条件3：規則性」から，スポーツはルールに従って競い合う。ルールの中には5W1H（when, where, who, what, which, How）が記載されていなければならず，これがなければスポーツは成立しない。つまり，ルールの中には「レギュレーション（regulation）」が必ず存在する。
　また，スポーツの定義「条件1：完結性」から，スポーツは閉じているので，無制限ではない。つまり，何らかの「制限」が存在する。

　スポーツのルールは「レギュレーション」「制限」を含む。
　Q.E.D.

3-2　解　説

　以下「スポーツ第2定理」について解説する。

　中村（1994）はスポーツのルールに関して次のように述べている。少し長いが引用する。

　近代スポーツが競技における平等の遵守をどれほど重視してきたかは多言

の必要がないほど明らかで，スポーツからこれを取り去ればスポーツでなくなるといってもよいほどそれはスポーツの基本的な条件の一つとなっている。

（中略）

二メートルを超えた選手を集めたり，多額の強化費用を投入したり，特別なトレーニングを実施したりすることにあらわれている。

（中略）

スポーツは国家間の競争の手段となり，経済力のある，あるいは国家から経済的な支援を受けた選手が好記録，好成績をあげることになる。これらの事実は平等原理を拡大，貫徹しようという意志の弱さを示すものといえるが，それはまたこのような意思の弱さを温存し，利用して利益を得ようとする人や団体があるということを示すものである（中村，1994，pp. 136-137。傍点は筆者）。

　中村の強い主張と思いについては筆者も理解を示すことができ，スポーツに携わるスポートマンにとっては重要なことであろう。けれども，「平等」をスポーツの「ルール」の中に定義づけることは不可能である。任意のスポートマンが多少なりとも「不平等」と感じることがあったとしても，同意した上でスポーツに参加するのであれば，スポーツは成立する。すなわち，スポーツのルールは，スポートマン同士にとって「非対称性」でも構わず，むしろスポートマン同士の全ての状況や環境が完全一致の「対称性」となることはありえないであろう。例えば，双子が毎日同じ生活をし，同じ食事をし，同じトレーニングをすることを「平等・公平」というのであろうか。双子でも体重や筋肉量も違い，その非対称性を補うために練習があるのではなかろうか。スポーツのルールにとって重要なことは「同意」のみである。スポーツのルールは「平等・公平」とは限らないというのが，スポーツがもつ根本的な原理である。

　実は中村の主張に代表される「スポーツ」と「スポーツ外[5]」のような論考は多く散見されるが，それはルールとは別の話である。次章のスポーツの「価値」の問題である。

　次に，「スポーツ第3定理」について解説する。

　スポーツのルールの「レギュレーション」は，分かりやすく説明すると，プレーの始まる前のことについての言及である。「レギュレーション」は「取り締まり，規制，規則」と同じ含意であるが，スポーツにおいて「ルールブック」とはいうが「レギュレーションブック」とはいわず，また「ルール違反」とはいうが「レギュレーション違反」とはいわない。つまり「ルール」は競技全体に関わる部分で，その中でも特に道具，交代人数，試合時間などの仕様に関する部分がレギュレーションである。具体的には，野球における「木製バット／金属バット」，バドミントンにおける「A 社製シャトル／B 社製シャトル」，サッカーにおける「最大交代人数」「試合時間」「PK 戦の有無」などのことである。

　スポーツのルールの「制限」は，実際のパフォーマンスのことについての言及である。例えば，野球でいえば，最初からファウルグランドの守備位置にいてはいけない，ラクビーやボクシングでいえば，グラウンドやリングから勝手に出てはいけない。すなわち，インプレーになった際の，プレーヤーの行動制限のことである。

■ 註
1）スポーツと練習は異なることへの留意が必要である。この説明は第1章第4節で説明済である。
2）大相撲は神事であり「スポーツではない」という反論に備えておく。大相撲はスポーツの定義を充たす，ゆえにスポーツである。数学モデルを備えたものであれば，全て「スポーツ」であるというのが本書の主張である。つまり構造から議論しているのであり，同じ構造であれば，数学的には「同じ」といって構わない。
3）巴戦の問題は，2016年度東京大学の入試問題であり，解答については多くの解説がある。
4）近藤は①から③にまとめている。　④は近藤が文中の中に記述している内容であるが，筆者が判断し④として加えたものである。
5）「スポーツ外」とは，単純なことであり，スポーツの定義を充たさないもの全てである。「多額の強化対策費」「スポーツは国家間の競争の手段」などは，極限すればスポーツと関係のない別の話題である。定義を宣言せずに議論をすると，外延が拡張し，何を議論しているのか迷走してしまう。

第4章

スポーツの価値

第 1 節 これまでのスポーツの価値をめぐる議論

　価値とは，広い意味では「善いもの」ないし「善い」といわれる性質のことである。価値という語は，一般的には，価値と反価値（「悪いもの」ないし「悪い」といわれる性質）を含んでいる（泉谷周三郎，2015，p. 242）。岡山善政（1997a，1997b，1997c）は，価値の本質を定義することは極めて困難であることを説きつつ，「価値とは，人間が，意識的，もしくは無意識的に，自他の思慮と認識の対象に看取する『よさ』，ないしは『のぞましさ』である（岡山，1997c，p. 304）」と提唱している。すなわち，価値とは，何かしらを基準とした「善さ／よさ」といえるであろう。

　スポーツの価値に関する研究は，例えば中西純司（2012a）は「個人的価値」「教育的価値」「社会・生活向上価値」「経済的価値」「国際的価値」「鑑賞的価値」といった6つの価値体系（構造）から構成されることを明らかにしている。そしてさらに再検討した結果，「環境的価値」を加えた7つの価値体系を示唆している（中西，2015，p. 49：図9）。この学術的な背景には，スポーツの「外在的価値」と「内在的価値」の2元論がある。中西（2012a，p. 48）は，スポーツ政策経営においては政策評価や施策評価だけを優先するあまり，スポーツの「外在的価値」を基調とした政策（82.2%）が多く，スポーツの「内在的価値」を基調とした政策（17.8%）が少ないことを挙げ，あくまでもスポーツの「内在的価値」の「不易」を重要視し，スポーツの「外在的価値」は「流行」として副次的に取り入れながらバランス関係を維持・形成していくことの重要性を説いている。そして，これからは我々人間がスポーツ（文化）との多様な関わり方「する」「みる」「支える」を通じて，スポーツの固有の楽しみや喜びであ

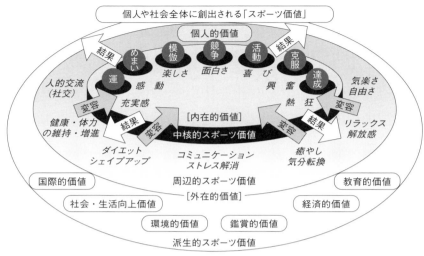

図9　中西（2015, p. 53）のスポーツ価値のダイナミクス

る「中核的スポーツ価値（内在的価値）」を尊重し，教育的価値などの「派生的スポーツ価値（外在的価値）」が個人や社会全体にも創出されるという，スポーツ価値のダイナミズムについて理解していくことが課題だと述べている（中西，2015，p. 53）。

　スポーツの価値については次の論争が興味深い。カルバートソン（L. Culbertson, 2008）は，スポーツには内在的価値（本質的価値）があるというマクフィー（G. McFee, 2004）の主張に対して，スポーツは本質的価値をもたないと批判している。これに対し，マクフィー（2009）は，カルバートソンは見当違いな検討を述べ，本質を理解できていないと反論している[1]。彼らは，価値が「ある／ない」という哲学的な議論を展開している。

　ところで「スポーツ」の「内在的価値（本質的価値）」とは何であろうか。川谷（2015）は「『勝利至上主義』ないし『勝利第一主義』とは，勝利に最上の価値を見出す価値観のことである」と定義している。水上博司（2006）によれば「スポーツのもつ文化的諸価値を下位価値にしりぞけて，競技スポーツの勝利が上位価値であることを重視する考え方」を勝利至上主義と示している。神谷拓（2015）の定義は，勝利至上主義とは「勝つこと以外の（あるいは勝つ

ことをめぐる）教育内容が具体的に明示・意識されていないで，指導や活動が行われている状態」とし，勝つことをめぐるプロセスの重要性を示唆している。「勝利の追究」という概念もある。久保（2010）は「競技集団はスポーツにおいて『勝利を追求する』ことをその『実在理由』として存在している。競技集団において暗黙のうちに知られ理解されている『為すべきこと』とは『勝利の追究』であり，それが暗黙の価値として成員の行為を規制している」ことを指摘している。関根正美（2013）は勝利至上主義を，スポーツ以外の価値を手に入れる過程で勝利を唯一の目的として振る舞うという意味として規定し「勝利の追求」と区分している。岡部祐介（2018）は，1970年代から1980年代前半にかけて，それまでのスポーツのあり方を反省的に捉えた「近代スポーツ批判」として勝利至上主義が生成したのではないかと論じている。

　以上の先行研究をまとめると次になる。

　１．スポーツには「内在的価値」と「外在的価値」があること
　２．価値には優劣があること

第 2 節　スポーツにおける価値の批判的再考

　さて，果たしてスポーツには「内在的価値」と「外在的価値」があるのかを最初に考察していく。スポーツ哲学，スポーツ社会学，スポーツ法学の３つの論考を手掛かりにしたい。

　　ある固定的な意義（価値）を有する「スポーツ（S）」，「スポーツ（A）」なるものが存在するのではなく，「スポーツ」によって「楽しみ」や「勝利」という意義（価値）が実現できるのである。よって，「スポーツ」の指導において重要なことは「スポーツ自体がある特定された意義（価値）をもっており，それを実現すること」ではなく，「スポーツによって，個々人にとって何らかの意義（価値）を実現させるようにすること」であると言うことができる（久保，2010，p. 17，傍点は筆者）。

　スポーツを評価するための価値基準は，「何の役に立つのか？」という手
段的なものばかりであった。しかし，スポーツを一つの洗練された文化と
して捉えるならば，役に立つか否かを問うのは極めておかしな話である。
なぜなら，我々は芸術を鑑賞する際に「この作品は何の役に立つのか？」
などという問いを発したりしないし，そんな疑問を発すること自体が奇妙
なことであると受け止めることができるからだ。「この作品はこれ自体と
して大事なものである」という内在的な価値が，鑑賞する側にも共有され
ている。極論すれば，それ自体は何の役にも立たない無価値なものが文化
なのである。スポーツも「どちらが強いか弱いか」「どちらが速いか遅い
か」などの結果の差異は明確に示すものの，実は無色透明な無価値なもの
に等しいといえる（菊・茂木，2015，p. 41，傍点は筆者）。

　100メートルを10秒で走ろうが9秒で走ろうが，また球技でいくら得点を
重ねようが，そのもつ社会的もしくは経済的な価値，つまりは二次的な付
加価値をことごとく剥ぎ取ってしまえば，やはりそれは，ただそれだけの
ことであるにすぎない（守能，2007，p. 42，傍点は筆者）。

　功利主義の創始者であるベンサム（Jeremy Bentham，1748-1832）は，世
の中で「内在的価値」を有するのは幸福のみであり，それ以外のものは幸福に
なるための手段として「道具的価値」をもつに過ぎないという立場をとる。経
済学においても，ロック（John Locke，1632-1704）やヒューム（David Hume，
1711-1776）の価値論は，貨幣に絶対的な価値あるいは内在的な価値をもつこ
とを否定している。
　久保（2010），菊・茂木（2015），守能（2007）の論考は，スポーツの「内在
的価値」を認めない無価値主義の一元論である。一方で，中西（2012a）など
にみられるようにスポーツには「内在的価値（絶対主義）」と「外在的価値（相
対主義）」の二元論を説く学者も少なくない。相対主義と絶対主義のどちらの
立場を志向するにしても，そこで主張する論理には限界があり，常に相即的で
ある。
　これ以上，議論が空虚にならないために，上記の考察から「スポーツの価値」

を批判的に再考すれば，以下の中庸的な命題を導き出すことができる。

> スポーツは無価値であるがゆえに価値がある。
> Sport is worth because it is worthless.

　この命題からいえることは，スポーツ自体は無味乾燥であるため，スポーツマンが多種多様な価値を創ったり，発見したりすることが可能である。例えば中西（2015）の 7 つの価値体系においても，いくつかの価値を組み合わせることによって新たな価値をさらに創出することができる。中西（2015, p. 48）はスポーツの「内在的価値」を重視し「不易」としているが，この「不易」こそが「無価値」である。「無価値（worthless）」とは，「内在的価値」か「外在的価値」かのどちらかを問うたり，どちらが優劣かと問うたりできるものではなく絶対的かつ普遍の価値を有する。相対的かつスポートマンによって異なる実用的な「value（価値）」とは区別しうる。上記の命題をさらに丁寧に説明づけると以下の記述となる。

> スポーツの価値は境界がないからこそ価値づけることができる。
> Sport can be worthy because the worth of sport is borderless.

　スポーツにおいては「スポーツを通じた人格形成」「スポーツで培う人間力（例えば畑，2017）」などの指導理念を掲げる指導者が実に多い。また吹奏楽においても「金賞よりも大切なもの（例えば山﨑，2009）」があるといい，スポーツを道具立てとし，その向こう側にある何かを求めてスポートマンになっている。その「何かしらの目的／価値」は形而上で，その問いの追求は最終的にはプラトニズム（Platonism）に帰結する。ゆえにスポーツの価値は，スポートマンの哲学，倫理観の創作に委ねられている。

　人間の活動である以上，無感情にスポーツをすることは絶対に不可能であり，必ず「何かしらの欲求や価値」が随伴する。また，スポーツの「内在的価値」に捉えられている「遊戯」「遊び」などにおいても，マズロー（Abraham Harold Maslow, 1908-1970）の欲求階層説に倣うまでもなく，「何かしらの欲求・価値・

目的」を忌避できない。スポーツを「する」「みる」「支える」などの行為には，その担い手であるスポートマンにとっては「何かしらの欲求・価値・目的」が必ず存在するということである。

　最後に確認しておきたいことは，ここまでの議論において「スポーツの定義」が不在だということである。つまりスポーツを議論するための物差し（定義）がない。そのため，スポーツの価値に関する議論をしたとしても，視点が定まっていないため「内在的価値／外在的価値[2]」といった議論に偏ったり，安易に勝利至上主義を批判したり，機会主義（opportunism）[3]的な議論に陥ったりしている。

　次節は，「スポーツの価値」を数学的手続きによって検討する。

第3節　スポーツ第4定理

3-1　「スポーツ第4定理」の証明準備

　まずは本書のスポーツの定義を再確認するが，定義には主観的な要素は一切ない。つまり，スポーツとは「爽快感」「健康の保持増進」「青少年の健全育成」「国際的な友好と親善への寄与」「夢や感動」等々の目的目標や情緒的で曖昧な記述は含まない（含めない）[4]。これらの事象は前節で議論した「内在的価値」「外在的価値」と呼ばれるものである（以下，「内在的価値」「外在的価値」をまとめて「スポーツの価値」とする）。

　主観的なことを議論することが可能となるのは定義ではなく，定義から導き出された現象に対してだけである。そうでなければただの水掛け論となる。ゆえに，本書のスポーツの定義は，数学を用い抽象化させているので，遍く議論することが可能である。スポーツの定義に従えば「スポーツの価値」と呼ばれる上記のような主観的な事象は「スポーツ」それ自体の中にはない。すなわち「スポーツ」は価値を含まない。これでは前節を追従した同じ論結となるが中身が違う。「価値がある／ない」という議論の前提そのものが「ない」ということである。どういうことであろうか。以下に説明する。

　議論をしやすくするため，定義と公理を再掲する（表6-1，表6-2）。
　「公理②：人が存在する」「公理④：コミュニケーションが存在する」「公理

表 6-1　スポーツの定義

スポーツとは，（条件1）から（条件5）を満たすものである		
条件1	完結性	開始と終了で閉じている
条件2	競争性	勝利を求めて2人以上で競う
条件3	規則性	スポートマン同士が同意したルールから成る
条件4	自主性	自主的である
条件5	完備情報性	不完備情報ゲームは含まない

表 6-2　スポーツの公理

公理①	宇宙が存在する
公理②	人が存在する
公理③	言語が存在する
公理④	コミュニケーションが存在する
公理⑤	自主的な意思をもつ人間が存在する
公理⑥	勝敗を理解できる人間が存在する

③：言語が存在する」に着目する。既述のソシュールは，様々な概念を抽象化できる人間の能力を「ランガージュ」と命名した。この「ランガージュ」は言語を通じた社会活動を営む中でしか発揮できない潜在的な能力のことであり，人間にしか備わっていない[5]。言語をもつ人間のことを「ホモ・ロクエンス（言語人）」という。なぜ人間は言語を習得することになったのかというと，ヒトの祖先が木から降りたことによって，天敵の動物たちから身を守る必要があり，また動物たちを捕獲し栄養を摂らなければならなかったからだ[6]。空腹の欲求を満たすためには良質な蛋白質をもつ動物たちを捕獲しなければならず，捕獲のためには武器や道具，罠などを創る（作る）必要があり，作戦などコミュニケーションを取りながらの攻略を余儀なくされた。先史時代にはすでに協働という概念を持ち合わせていた。道具類をつくる人間を「ホモ・ファベル（工作人）」という。守能（2007，p. 200）は「ホモ・ロクエンス」が「ホモ・ルーデンス（遊戯人）」や「ホモ・スポルティヴス（スポーツ人）」となり，自然界にはない「スポーツ」を創作するに至ったと示唆している[7]。「スポーツ」の誕生の背景には，空腹を満たした後の膨大な余暇時間にある。余暇時間を過ごすためには，過ごすための資源が必要となろう。彼らの身の周りにあるものは，彼らが自然物（石，木など）を創作して作り出した「道具」そして「自然（フィールド）」だけである。余暇時間に彼らが道具類を用い「的当て」「遠投」などの

遊戯を創造したことは，スポーツ人類学などの先行研究において明らかにされている[8]。つまり本書の「スポーツ」の定義を充たす活動は数千年前から立ち現れていたことが分かる。それは現代においても同じである。生理的欲求（食欲，睡眠など）が満たされると次の欲求が現れてくる。その欲求を充足させる活動は無条件に「価値」がある。

　尚，「道具」の辞書的定義は「他のものに利用されるもの。手段（広辞苑第七版）」である。既述の道具に関しては，モノとしての道具のみを指し示す語彙として受け取られたかもしれないが，辞書的定義が示す通り，「他のものに利用されるもの。手段」であるもの全てを含むことを理解いただきたい。

3-2　「スポーツ第4定理」の証明

　スポーツ第4定理：スポーツを行う目的や価値は任意である

　系（corollary）[9]：スポーツは道具である

　以下が証明である。

　定義（条件1から条件5）より，目的や価値はスポーツの定義に含まれていない（含まない）。ゆえに，スポーツを行う目的や価値は人間が任意に決められる。人間が任意に決められるということは，スポーツはあらゆる目的に対して手段とすることができるため，すなわちスポーツは道具である。

　定理：スポーツを行う目的や価値は任意である
　系：スポーツは道具である
　Q.E.D.

3-3　解　説

　「スポーツ」それ自体は何も生み出すことはない。スポーツは「スポーツ関数：R＝S（p）」により，結果（アウトプット）として相対的な序列が必ず示される。例えば，準優勝（銀メダル）という結果に対して，優勝（金メダル）を目指していたのであれば残念であろうし，ベスト4を目指していたのであれば嬉しいであろう。結果をどのように受け止めるのかは，人間側（スポーツマ

ン）の問題である。スポーツは道具であるため，国家（国威発揚），社会（平和祭典），福祉，教育，医療，経済など様々な媒体が利用可能である。「競技スポーツ」「生涯スポーツ」など，スポートマンの任意の目的や価値によって関わることができる「スポーツ」は，我々にとって魅力的な道具である。

　最後に「目的や価値」は「ルール」と独立しているという理解が非常に重要である。スポーツの「目的や価値」は，スポーツ全体に関して人間が任意に構築するメタ概念であり，スポーツそれ自体の性質ではない。

■ 註

1 ）詳しくは，McFee（2004）→Culbertson（2008）→McFee（2009）の一連のやり取りをご覧いただきたい。尚，McFee（2009）では Morgan（2007）のスポーツ倫理の主張を考慮していることへの留意が必要である。

2 ）川谷（2015，p. 827）では外在的価値は「金銭的報酬やメダルなどといった社会的名誉」である。しかしながら内在的価値に関する記載はない。スポーツに関する代表的な辞典である「スポーツ科学辞典（2006）」「21世紀スポーツ大辞典（2015）」では，「内在的価値／外在的価値」は概念止まりで定義づけが成されていない。ましてや広辞苑（2018）には載っていない。スポーツ研究，スポーツ界の独特な用語であることへの留意が必要である。

3 ）機会主義とは，自分の都合のよい方へ誘い，形勢をうかがい態度を決めること。日和見主義と同じ。

4 ）例えばここで示した「爽快感」「健康の保持増進」「青少年の健全育成」「国際的な友好と親善への寄与」「夢や感動」は，「内在的価値」と「外在的価値」のどちらに分類されるのであろうか。実は判断するのが難しいのではなかろうか。熟考すればするほど分からなくなる。尚，本書では「外在的価値」としたが，一般的には「道具的価値」として議論されることが多い（W. D. Ross, 1930など）。

5 ）ソシュールは人間にしか備わっていないというが，動物たちが言語をもたないということを証明することは不可能である，と筆者は考えている。それは，人間にとって動物たちの言語がただ単に通訳不可能なだけであり，実は動物たちが言語を所与する可能性を完全に否定することはできない。

6 ）人類学に関する書籍として，ヘンリック（Joseph P. Henrich, 邦訳2019），ダンバー（Robin I. M. Dunbar, 邦訳2016）などが良書である。むろんダーウィン（Charles Robert Darwin, 1809-1882）の進化論は外せない。氏の進化論の最も古典的な書は，1895年「On the Origin of Species by Means of Natural Selection」が初版である。

7 ）守能（2007, pp. 198-200）は，ソシュール研究家の丸山圭三（1981）を引用しながら「ホモ・ロクエンス（言語人）」を解説し，「ホモ・ファベル（工作人）」「ホモ・ルーデンス（遊戯人）」「ホモ・スポルティヴス（スポーツ人）」の過程を論じている。

8) スポーツと人類学については，ブランチャード&チェスカ（K. Blanchard & A. T. Cheska，邦訳1988）などの教科書を参照されたし。

9) 数学でいう「系」とは，定理から導かれる命題である。例えば，「長方形の二本の対角線は長さが等しい」を定理とすると，「正方形の二本の対角線の長さは等しい」のような命題が「系」である。すなわち「系」は任意の定理が正しいと証明されると，簡単な言い換えで導かれるような命題のことである。

第5章

スポーツの数学的構造

第 1 節　スポーツの圏

　本章で扱う数学的構造は「圏論（category theory）」である。圏論を活用するためには，まずは抽象数学の「圏（category）」を確認しなくてはならない。尚，すでに筆者は拙稿において「圏論」を用いた「集まり」における普遍法則を発見している（関，2019）。本書もこの研究成果のエッセンスから新たなスポーツの見方を目指す。まずは「圏」で記述する方法を説明する（関，2019を参照されたし）。

　圏とは，以下の事柄を充たすものである。圏の定義である。

（1）「対象（object）」となる A，B，C，…と「射（morphism）」f，g，h…から構成されている。

（2）射は2つの対象をつなぐ矢印（→）である。
　　　矢印の始めと終わりは「始域（domain）」「終域（codomain）」と呼ばれる。
　　　以下「f：A→B」とする。

（3）任意の f：A→B，g：B→C のとき，f と g の合成射（composite）が存在する。合成射は「g∘f」と表され，可換図式として図10のようにまとめることができる。

（4）任意の f：A→B，g：B→C，h：C→D のとき h∘（g∘f）＝（h∘g）∘f が成立する。

（5）任意の対象 B には「恒等射（identity）」が

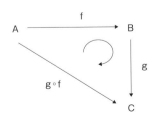

図10　合成射の可換図式

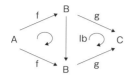

図11　恒等射の可換図式

存在する。

対象には他の射と合成しても他に影響を与えない特別な射があり，Ib や idb と表される。以下「Ib」とする。可換図式として図11のようにまとめることができる。

　はじめに上述の定義に従い，任意の集まり「スポーツの圏：Sport」をつくる。「スポーツの圏」の対象は進行状態の集まりであり，射はパフォーマンスを抽象化したものである。スポーツの進行状況を集めた集合であれば何でも構わない。スポーツの進行状態を抽象化した数学モデルのため，圏論に馴染みがない読者にとっては意味不明であろう。抽象モデルのため，具象的（具体的）な言語化や記述化は難しいが，挑戦的なイメージ図を以下に作成する（図12）。

　図12は「テニスの圏」である。ここでは任意のある2つの状況「対象1」「対象2」を設定する。「対象1」から「対象2」へ移るとき，サーバーのサービスというパフォーマンスから始まるが，この状況ではレシーバーのリターンエースが決まったとする。

　実際のテニスのゲームでは，1つ1つのパフォーマンスの結果，すなわち全ての「対象（object）」を連続的に集計することになる。「テニスの圏」をスコ

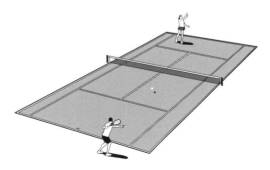

対象1：第1セットの1ゲームの（40-00）
対象2：第1セットの1ゲームの（40-15）

射：射と射をつなぐもの。パフォーマンスを抽象化。

図12　テニスの圏

アブックへ記入することも可能である。パフォーマンスが途切れず断続的に進む水泳や陸上などでは，任意の時間毎に「対象」を作ればよい。例えば以下である。

　　　対象1：開始5分後のパフォーマンスの状況「1—2—3—4—5」
　　　対象2：開始10分後のパフォーマンスの状況「2—3—4—5—1」
　　　　射　：「対象1」から「対象2」へつなぐもの
　　（注意）「1—2—3—4—5」は選手の位置情報である。

　「選手の位置情報」は先のトラッキングデータと酷似するが，競馬や競輪，陸上を想起された読者もいるであろう。競馬では，コーナーごとに位置情報を記し，軌跡を写像する公式記録がある。競馬の公式記録は「圏」でできている。

　図13は競馬における任意の状況である。この場合であれば，「残り1,000mで①が先頭」「残り800mも①が先頭」「残り400mで⑤が先頭」となる。我々は意識することなく頭の中で，どのような順番になっているのか，抽象化しな

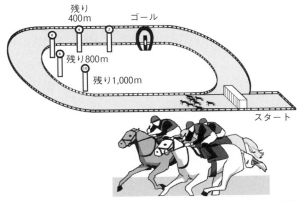

　　　対象1：残り1,000mの位置状況（①—②—③—④—⑤）左数字が先頭
　　　対象2：残り　800mの位置状況（①—②—③—④—⑤）左数字が先頭
　　　対象3：残り　400mの位置状況（⑤—④—③—②—①）左数字が先頭

　「対象1」と「対象2」，「対象2」と「対象3」をつなぐものが「射」である。

図13　競馬の圏

がらイメージ図を作成している。陸上のトラックレースも同じ数学モデルをもつことが分かるであろう。水泳も同じである。

　本節では「スポーツ関数：R＝S（p）」以外にも「圏」を用いた数学モデルがあることを示したかった。実は抽象化した方が現象を捉えやすく，全てのスポーツは「圏」で記述することが可能である。

第2節　ポイントの圏

　本節ではスポーツにおける「ポイントの圏：Point」を作成する。ただし，数学的手続きは「スポーツの圏：Sport」と同じである。

　「ポイント」の辞書的定義は「得点。点数」である。

　「得点」の辞書的定義は「点数や評点を得ること。また，得た点数・評点」である。

　本書における「ポイント」と「得点」の定義は，「ポイント」は合計点を指し，「得点」は1回に獲得する点数を指すが，「1点」のときもあれば「2点」「3点」の場合もある。

　圏の定義に従い，任意の集まり「ポイントの圏」をつくる。「ポイントの圏」の対象は得点の集まり（合計点）であり，射は加点分である。

　「ポイントの圏」では，得点が入るごとに対象が増えていくことになるが，ここでは任意のある4つの状況「対象A1」「対象A2」「対象A3」「対象B」を設定する。「対象A1」から「対象A2」へ移るとき，Aが1得点を積み上げたことになる。分かりやすく整理すると以下である。

　　対象A1：0得点
　　対象A2：1得点
　　対象A3：4得点
　　対象B　：0得点
　　　射　：加点分
　　合成射：「対象A1」から「対象A3」。つまり合計点
　　恒等射：他から独立した対象の構造を保つもの

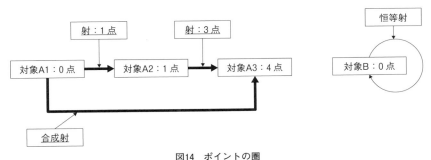

図14　ポイントの圏

　「ポイント」という抽象的なものであるため理解しづらいかもしれないが，図14にイメージを作成した。任意の A チームと B チームを仮定する。図14でいえば A チームのポイントは「0点→1点→4点（合計点：合成射4点）」となっている。一方，B チームは得点がないので「0(ゼロ)」が続いている。この場合は「恒等射」が立ち現れている。「対象 B」は「0(ゼロ)」だからといって存在しないのではなく，「恒等射」によってその存在を示している。

　ポイントを抽象化した圏は，抽象化したゆえに何者でもない数学的な対象である。例えば，サッカーのポイントの圏は次のようなものである。

$$[0-0] \to [1-0] \to [2-0] \to \cdots$$
$$\downarrow \qquad\quad \downarrow \qquad\quad \downarrow$$
$$[0-1] \to [1-1] \to [2-1] \to \cdots$$
$$\downarrow \qquad\quad \downarrow \qquad\quad \downarrow$$
$$[0-2] \to [1-2] \to [2-2] \to \cdots$$
$$\downarrow \qquad\quad \downarrow \qquad\quad \downarrow$$

　　　　対象　［A の得点-B の得点］

　　　　射　　→は A の得点を表す

　　　　　　　↓は B の得点を表す

第**3**節　「スポーツ」と「ポイント」の圏論

3-1　関手の定義

　圏とは対象と射から成立する世界であり，無数の圏を策定することができる。そして全く関係がないと思える圏と圏の間にも，実は同じ構造であることを措定できる。そこで問題となるのは，圏と圏の関係を論じるものが必要となってくることである。本節の場合でいえば「スポーツの圏」と「ポイントの圏」を対応づけるものが「関手（functor）」である。

　関手とは以下の事柄を充たすものである。本章では清水義夫（2007）の定義に従い読者が理解しやすいよう筆者が適宜な範囲で加筆修正した。

（1）圏 C の各対象から圏 D の各対象への写像となる
（2）圏 C の各射から圏 D の各射への写像となる
（3）$F(I_a) = I_{F(a)}$（ただし $a \in Ob(C)$），および $F(g \circ f) = F(g) \circ F(f)$
　　　ただし f と g は圏 C の射であり，かつ $g \circ f$ が圏 C で定義されている。

　任意の C，D を圏とする。C から D への関手 F：C→D とは，「$a \in Ob(C)$ に $F(a) \in Ob(D)$ を」そして「C の射 f に D の射 F(f) を」対応させた関数である。

　これまでの圏と関手について可換図式にまとめると図15のようになる。

3-2　証　　明

　任意の集まり「スポーツの圏：Sport」と「ポイントの圏：Point」をつくる（既述の定義に倣って）。「スポーツの圏」の対象は進行状況の集まりであり，射はパフォーマンスを抽象化したものである。例えば，3ポイントシュート，サービスエース，ホームインなどパフォーマンスが集まっている集合であれば何でも構わない。

　｜o1｜ ⊂ ｜o1，o2｜ ⊂ ｜o1，o2，o3｜ のような包含関係があれば ｜o1｜ → ｜o1，o2｜ → ｜o1，o2，o3｜ の射が存在する。もしも ｜o1，o2，o3｜

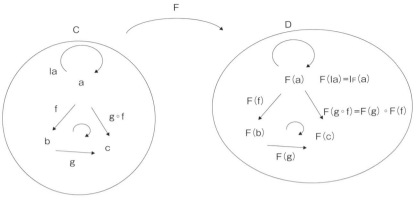

図15　関手の概念図

と ｛o 4｝ では含んだり含まれたりする包含関係がなく，異なる集まりであれば射はない。$f：A_1 → A_2$ と $g：A_2 → A_3$ で関係があるとき，$g ∘ f$ の合成射が存在する。$f = A_1 → A_2$，$g = A_2 → A_3$，$h = A_3 → A_4$ のとき，$h ∘ (g ∘ f) = (h ∘ g) ∘ f$ が成立する。最後に自らを自らに移す（写す）IA_1，IA_2，IA_3，IA_4 の恒等射がある。

　同様に「ポイントの圏」の対象は得点の集まりであり，射は包含関係である。例えば「1点」「2点」「−3点」などの得点が集まっている集まりであれば何でも構わない。

　｛c 1｝ ⊂ ｛c 1，c 2｝ ⊂ ｛c 1，c 2，c 3｝ のような包含関係があれば ｛c 1｝ → ｛c 1，c 2｝ → ｛c 1，c 2，c 3｝ の射が存在する。この点について補足すると，c 1とc 2に関係があり，かつc 3も関係すると前述のような記述が成り立ち，c 4とは無関係な場合，射は存在せず別の集合となる。以下「スポーツの圏」と同様に記述することができる。これらを分かりやすく圏論の用語で整理したのが表8である。

　「スポーツの圏」から「ポイントの圏」への関手をつくる。圏から圏への構造と両立する対応づけである。具体的には，「スポーツの圏」において進行状況中に点数が入るというパフォーマンスに対して，「ポイントの圏」では得点という対応をとることができる。圏論における関手とは，ある意味において集

表8　「スポーツの圏」と「ポイントの圏」

	スポーツの圏 Sport Category	ポイントの圏 Point Category
対象	進行状況の集まり	合計点
射	パフォーマンスを抽象化したもの $\{o_1\} \rightarrow \{o_1, o_2\} \rightarrow \{o_1, o_2, o_3\}$	得点 $\{c_1\} \rightarrow \{c_1, c_2\} \rightarrow \{c_1, c_2, c_3\}$
合成射	$f：A_1 \rightarrow A_2$ と $g：A_2 \rightarrow A_3$ $g \circ f$	$f：B_1 \rightarrow B_2$ と $g：B_2 \rightarrow B_3$ $g \circ f$
合成の結合律	$f=A_1 \rightarrow A_2,\ g=A_2 \rightarrow A_3,\ h=A_3 \rightarrow A_4$ のとき $h \circ (g \circ f) = (h \circ g) \circ f$	$f=B_1 \rightarrow B_2,\ g=B_2 \rightarrow B_3,\ h=B_3 \rightarrow B_4$ のとき $h \circ (g \circ f) = (h \circ g) \circ f$
恒等射	$I_{A_1},\ I_{A_2},\ I_{A_3},\ I_{A_4}$	$I_{B_1},\ I_{B_2},\ I_{B_3},\ I_{B_4}$
特徴	進行状況の積み上げである。 細かい状況も大きな状況も可能である。 【例：野球】1球・1回 得点以外にも注目することができる。 【例：サッカー】コーナーキックになった。	無感情に得点を積み上げるものである。 得点だけに注目する。 【例：野球】得点ごとに起動する。それ以外は沈黙状態。 得点のときしか反応しない。 【例：サッカー】コーナーキックでは無反応。

合論の写像に似ているところがあるが，写像とは異なる。対象と射の両方を写す対応になっているところが圏論の肝である。

　本書はスポーツ原論「スポーツとは何か＝What's sport?」を目指してきたが，ここまではスポーツの定義づけから「スポーツ関数：R＝S（p）」を探し当て，4つの定理を発見した。そして本章では圏論を使った数学的構造より，「スポーツ」と「ポイント」が相似した構造にあることを明らかにした。読者におかれては，「スポーツ」と「ポイント」の関係性は，両者は一見みれば当たり前の関係性であり，なぜ分けるのか，そして再びなぜつなぐのかという疑問を抱かれたと思う。実はこの意図不明な構造こそが圏論の魅力であり，そこから導かれる数学的構造を用いることによって，多種多様な豊かな議論ができることになる。次節では数学的構造から導かれる新しいスポーツの見方，その具体的な一例を披露したい。

第4節　新しいスポーツ分類

4-1　これまでのスポーツ分類をめぐる議論

　ゲーム（球技）の分類に関しては「ネット型」「ゴール型（投げる）」「ゴール型（足や用具）」「ベースボール型」の4分類がある（岡出美則，2017を参照）[1]。日本では「ゴール型」を1つにまとめ，「ネット型」「ベースボール型」を加えた3分類が一般的である（鈴木ら，2010）。また，鈴木ら（2003，p. 16）は球技における競争課題決定の要因をまとめ，「突破型ゲーム」「的当て型ゲーム」「進塁型ゲーム」の3分類を挙げている（表9−1）。さらに「突破型ゲーム」の課題解決の方法を細分化し分類している（表9−2）[2]。尚，スポーツの分類研究については，国内外で多くみられる（岡出美則・吉永武史，2000，木庭康

表9−1　鈴木らのゲーム分類

ゲームの名称	サッカー バスケットボール， ハンドボール アメリカンフットボール ラグビー バレーボール，テニス	ゴルフ， ボウリング		野球，ソフトボール	
競争の目的	ボールを目標地点（空間）に移動させること…（a）			本塁を陥れること	
競争媒体（ボール）の個数	1個	プレーヤーの人数分		1個	
未確定性の発生要因	ボールを保持しない防御側による（a）の妨害	ボール操作の困難性	一次ゲーム	ボールを保持しない防御側による（a）の妨害	
			二次ゲーム	ボールを保持した防御側による進塁の阻止	
競争課題	防御境界面を突破すること	ボールを的に接近させること	一次ゲーム	防御境界面を突破すること	
			二次ゲーム	次塁に進塁すること	
〈カテゴリー名〉	突破型ゲーム	的当て型ゲーム		進塁型ゲーム	

(注)　鈴木ら（2003，p. 16）より。

表9-2　鈴木らの突破型ゲーム

		サッカー	バスケット ボール ハンドボール	アメリカン フットボール	ラグビー	バレーボール テ ニ ス
最大防御 境界面[注1]	名称	オフサイドラ イン	Defense の 最終ライン	スクリメージ ライン	オフサイドラ イン	ネット
	決定方法	Defense player の位置	Defense player の位置	ボールの位置	ボールの位置	Default
	変動・固定	変　動	変　動	固　定[注2]	変　動	固　定
防御の層構造化の 方向[注3]		最大防御境界 面の前方	最大防御境界 面の前方	最大防御境界 面の前後	最大防御境界 面の後方	最大防御境界 面の後方
突破の方法		Pass[注4]	Pass[注4]	Carry Pass[注4]	Carry Pass[注4, 5]	Pass[注4]

（注1）競争目的を達成する上で最も重要な課題となる防御境界面を示す。
（注2）スクリメージラインが形成される位置は，ダウンの度に変更されるが，当該ダウンの中ではその位置
　　　は固定される。
（注3）ボールを持たない側のチーム（Defense）からみた方向を示す。
（注4）プレーヤーがボールを身体から離脱させる全ての行為を「Pass」とみなす。シュート（ゴールへの Pass），
　　　ドリブル（自分への Pass）も含まれる。
（注5）キックを用いる場合に限定される。
（注）鈴木ら（2003，p. 20）より。

樹ら，2009，L. L. Griffin et al.，1997，など多数）。しかしながら，ここで示
したように，スポーツ分類のほとんどが球技（ボール）である。けれども，ス
ポーツ原論の立場からは，球技に限定せず，陸上，水上，雪上，氷上など全て
のスポーツを対象とし，新たなスポーツ分類を「ポイントの圏（Point Cate-
gory）」の構造に着目し提言することが可能である。

4-2　ポイント構造からみたスポーツ分類

　前節で議論した「ポイントの圏」をもとにスポーツ分類を表10に示し，それ
ぞれを解説する。
　「累積系」とは，得点が積み上げられていくスポーツのことである。サッカー，
アイスホッケーは1回の得点で絶対に1点しか入らない「1点型」である。他
方，バスケットボール，ラグビー，野球は1回の得点でいくつかの種類がある
「変動型」である。特にラグビーにおいては絶対に1点をとることができない
稀有なスポーツである。ポイント構造からみれば，バスケットボールとラグビー

表10　ポイント構造からみたスポーツ分類

系	型	スポーツの例示	解説
累積系	1点型	サッカー，アイスホッケー	1回に得点できるのは絶対に1点だけである。
	変動型	バスケットボール，ラグビー，野球	バスケットボールであれば3点，2点，1点となる。 ラグビーであれば，5点，3点，2点となる。 野球であれば，4点，3点，2点，1点となる。
セット系	対人型	スカッシュ，テニス，バレーボール，卓球	セットの途中経過は関係なし。 累積の合計点は意味がないことへの留意が必要である。
相対系	上位記録型	高跳び，やり投げ，スピードスケート	最高記録の相対評価で順位が決まる。
	採点型	フィギュアスケート，吹奏楽，サーフィン	パフォーマンスの得点を合計したポイントに対して相対順位が決まる。
体技系	1発・得点型	ボクシング，柔道	一発で試合が決まる場合と，ポイントで決まる場合がある。
	得点型	フェンシング，剣道	一発で試合が決まることがない。
勝敗限定系	対人型	相撲，将棋，チェス，ビリヤード	途中の得点がない。最後にどちらかの勝敗が決まる。
	多数型	マラソン，自転車，100m走	途中の得点がない。最後の相対順位で決まる。

(注)　競技によって予選と本選が異なるレギュレーションがある。また個人戦と団体戦でも異なることがある。本分類は限りなく一般化したものとして理解いただきたい。

は同じ分類のスポーツだといえるのである。

　「セット系」とは，先に任意のセットを先取した方が勝利するスポーツのことである。そのため累積した合計点には意味がないことは，多くの読者が理解していることであろう。

　「相対系」とは，任意のポイントをもとに相対的な順位を決めるスポーツのことである。2つの型がある。1つめは「上位記録型」であるが，ベスト記録を相対的に順位づけするスポーツであり，高跳び，スピードスケートなどを挙げることができる。2つめは「採点型」であるが，各パフォーマンスの得点を積み上げ相対的に順位づけするスポーツであり，フィギュアスケート，吹奏楽

コンクールなどを挙げることができる。フィギュアスケートと吹奏楽コンクールが同じということに驚かれる読者が多いのではないかと推察する。しかしながら，数学的にみた場合，この2つのスポーツは同じといってよいのである[3]。

「体技系」とは，得点をもとに順位を決めるスポーツである。累積系と異なるのは，ポイントによっては制限時間内に決することがある。2つの型がある。「一発・得点型」は，ポイントだけではなく，1撃で決することがあるスポーツで，ボクシングや柔道に代表される。「得点型」は，1撃で決することが絶対にないスポーツである。基本的には試合終了時点のポイントにて勝敗を決するが，試合途中のポイントによっては制限時間内に決することがあるスポーツで，フェンシングや剣道に代表される。

「勝敗限定系」とは，得点という概念がないスポーツである。この「勝敗限定系」は他の4つの系のスポーツとは大きく異なり，ユニークな分類である。「対人型」と「多数型」の2つがある。「対人型」は，開始から終了まで得点が入ることがなく，あるのは「○（勝ち）と●（負け）」だけのデジタルなポイントのみである。しかし，主観的に戦況を分析することができ，試合の「流れ[4]」を意識しながら観る人がほとんどであろう。「多数型」は，全員で一斉に行うスポーツで，最後のポイントで順位を決する分類である。「勝敗限定系」は途中の得点はないが，たとえ任意の状況において劣勢にみえていたとしても，最後に「○（勝ち）」となることがある。ここにスポーツの面白さがあり，スポートマンの楽しみがあると思われる。だが，数学的には，スポーツの状況に関する「有利不利」「優勢劣勢」といった概念はない。

第5節　解　説

　圏論は，位相的な構造や代数的な構造など，様々な数学的構造を記述し研究するための有用な道具である。むろんスポーツの研究にも適している。対象と射のネットワークの中に様々な数学的構造物を入れ込むことができるということである。例えば，パフォーマンスとパフォーマンスの間の射と，得点と得点の間の射のネットワークから，スポーツのスコアブックを作成することができるが，さらに，既存のスコアブックとは異なる新たなスコアブックを考案する

ことも可能である。

　圏論はこれまでのスポーツの概念を整理するための便利な道具であるが，た
だ整理するのための道具ではなく，数学的構造から導かれる豊かな創造力が新
しい知見をもたらすのである。第 4 節で示した数学的構造からみたスポーツ分
類がその 1 つである（表10）。

　ちょっとみただけでは全く異なる事象にみえるものでも，実は同じ構造をも
つものがある。そのつなぎ役が関手である。圏論はその背後に隠れた不変的構
造や普遍的性質を考察するための強力な道具である。我々は日頃何気なくス
ポーツを観戦しているが，実は「スポーツの圏」と「ポイントの圏」を無意識
に対応づけているのである。例えば，サッカーの試合で 1 点が入ったときには，
「スポーツの圏」で進行状況を抽象化し，同時に「ポイントの圏」において得
点を抽象化している。惜しいシュート（ポストやバーに当たったシュート）は
恒等射に写されて，得点に影響しない。スポーツ原論の見方では，素晴らしく
美しいプレーをしても得点が入らなかったときに観客が頭をかかえるのは，「ス
ポーツの圏」における進行上の上手いプレーという概念と，そのプレーは得点
に変換するときには恒等射になっていることを無意識のうちに理解しているの
である。我々の頭の中には 2 つの圏があり，圏を往還させながらスポーツをし
たり，観たりしているのである。この背景には，「スポーツ関数：R＝S（p）」
の存在を看過することができず，この関数が普遍に備わっていることへの驚き
を，我々は隠すことができない。

■ 註
1 ）岡出（2017）のゲーム（球技）の解釈は，本書のスポーツの定義と同じである。ゲー
　　ム（球技）以外の教材として「ローラースポーツ」「ボートスポーツ」「ウィンター
　　スポーツ」「レスリング」などを挙げているが，氏の研究はドイツの学校教育が主眼
　　である。このことへの留意が必要である。
2 ）鈴木ら（2003）は，欧米では早い時期から「戦術アプローチ」の考え方を採用し，
　　ゲーム分類が行われていることを示唆している。また「双六」「将棋」「チェス」な
　　どをゲームとして捉えることが可能であると述べている。本書のスポーツ原論の立
　　場から，「双六」はサイコロ（ダイス）を使用するため「スポーツの定義 5 ：非情報
　　完備ゲーム」に抵触するのではないかという見立てもできる。しかしながら，ニュー

　　トン物理学が証するように，サイコロの角度，力などの初期設定が決まれば，出る目が決まるという立場をとる。すなわち，練習によって出る目を制御することが可能なのである。

3 ）「採点型」のスポーツは，一般的にスポーツと呼ばれていない文化的活動にも多くある。特に，吹奏楽については，冒頭でも触れたが，筆者の興味関心事であった。関（2017）を参照いただきたい。

4 ）スポーツの「流れ」に関する哲学的研究としては関（2012）がある。他にもスポーツにおける「流れ」の研究は多数ある。

補章 1

 # スポーツと部活動

　行論の先取りになるが，部活動を数学的手続きから定義づけた議論は今まで
にない。そのため，本章においても数学的手続きから部活動の定義を求める議
論を展開しているため，第 1 章でスポーツを定義づけたように長々しい。まず
はご理解いただきたい。その上で，スポーツと部活動の違いを最後に解説して
いる。

第 **1** 節　これまでの部活動をめぐる議論

1-1　問題の所在

　「部活動[1]」という用語を定義することなく「運動部活動のあり方」「文化部
活動の役割」などの本質的な議論をすることはできない，というのが本章の積
極的な主張である。例えば，スポーツの定義をせずに「スポーツのあり方」を
議論することはできないであろうし，「ボランティアの役割」を議論するため
にはボランティアの定義が不可欠となる。ここで重要な点は，部活動，運動部，
文化部活動という語彙はスポーツやボランティアと異なり複合語である，とい
う点である。

　佐藤（1993，pp. 78-79）の身体教育の哲学に依拠すれば，複合語で重要な
意味をもつのは基底詞である。しかしながら，「部」は基底詞（運動部）にも
なり限定詞（部活動）にもなりうる。体育経営管理学の運動クラブ概念では，
宇留間昂（1991，p. 80）は「部」「クラブ」「サークル」「同好会」はクラブ・
サービス[2]の対象になるというが，これらの語彙の違いや説明はない。そして，
青柳健隆ら（2018，pp. 266-277）は，「これまでの研究は（中略）運動部活動
の定義（課程内外の区別等）があいまい（傍点は筆者）」であると指摘し，小
学校を対象とした運動部活動の調査を実施しているが，「部活動」そのものの

定義は曖昧である。尾見康博（2019, p. 14）は，「『部活』は『部活動』の略称と考えられるが，活動だけではなく『部』あるいは『クラブ』そのものを指すこともある」と問題提起している。城丸章夫（1992, pp. 321–322）は，戦後，クラブ活動の時間とは「部」の活動の時間と理解されていたと示唆している。すなわち「部」「クラブ」は，「部活動」「運動クラブ活動」「文化部活動」等々，必ず「活動」が随伴し，部活動の「部」を定義するということは，「部活動」それ自体を定義することに帰結する。以下，本書では「部活動」を「部」と同義語として扱う[3]。

　例えば，ゆる部[4]，eスポーツ部[5]は部活動として認められるのであろうか。私立高等学校のスポーツ特待生制度は，入学金免除，教科書代金無償，活動奨励金などの特典を設けるが（黒井半太, 2017, pp. 42–43），果たして部活動の範囲なのであろうか。海外へと目を向ければ，2つ以上の部に入部できるニュージーランドの部活動（西尾建, 2017），スポーツの能力に応じて入学（入部）を認めるアメリカの部活動（宮田由紀夫, pp. 100–110），完全寮生制で全員が課外活動に参加するイギリスの部活動（古阪肇, 2009, 2016, 鈴木秀人, 2005）など，諸外国の部活動と日本の部活動を同じ土俵に乗せて議論することはできるのであろうか。これらの部活動に関する根本的な問いを究明しようとするためには，「部活動」の定義を示さなくてはならない。

1-2　先行研究の批判的検討

　今日までの部活動に関する研究は，長沼豊（2018），玉木（2018），内田良（2017）などが指摘するように運動部活動が中心で，文化部活動の研究蓄積が課題となっていた。そうした中で，関（2017）や吉田勝光（2019）は運動部と文化部をどのような基準で分類するのか問題提起している。とりわけ吉田（2019）は部活動としてのeスポーツは運動部か文化部かという問いを立てているが，明確な結論には至っていない。

　中澤篤史（2014, 2017），神谷（2015, 2016），内山絵美子（2019），今宿裕ら（2019），長沼（2018）などの先行研究に限ったことではないが，これまでの部活動研究のほとんどは，文部科学省（2017, 2018）の学習指導要領を基軸としている。しかしながら，これは部活動の定義ではない。学習指導要領の記

述は，「端的に言えば，部活動は『学校の教育活動』として位置づけられている（内山，2019，p. 36）」ものであり，法的ならびに教育的な位置づけを確認するためのものである。また「運動部活動の在り方に関する総合的なガイドライン（以下，運動部ガイドラインと略記）（スポーツ庁，2018）」，「文化部活動の在り方に関する総合的なガイドライン（以下，文化部ガイドラインと略記）（文化庁，2018）」においても，適切な運営等に係る取組などの説明に留まり，部活動の定義らしい記述はない。ましてや「在り方」の定義は見当たらない。後述するが，定義を定義することにはかなりの困難さを伴うが，差し当たって桶川泰（2011，p. 24）を例にみれば「定義とは，ある概念の内容や言葉の意味を他の概念や言葉と区別できるように明確に限定することであり，そうした用語の意味や用法を限定すること（傍点は筆者）」である。学習指導要領，運動部ガイドライン，文化部ガイドラインは，部活動そのものの用語の意味や用法を限定するものではない。

　例えば，中村（1979，pp. 11-15）が命名した「第二サッカー・クラブ」は，生徒の自主性の上に成立し，既存の運動部活動以外のサークル的な活動として誕生した。生徒の自主的，自発的な参加で成立した「第二サッカー・クラブ」こそ「部活動」そのものだという議論も可能である。もし部活動として認められないとすれば，その根拠（条件）を示さなくてはならず，「部活動」の定義が須要である。今日では多様な部活動が成立し，「あれは部活動なのか」「部活動として認められるのか」といった議論も散見される。むろん，部活動それ自体の特殊性を指し示しているのかもしれないし，部活動の成立の特異性を指摘しているのかもしれない。やはり「部活動」の定義づけが鍵となり，それは，先行研究の議論の中で剥落している。

第 2 節　部活動の定義づけの数学的手続き

　本章の目的は，「部活動」の定義を研究することである。本章は，第 2 章の「スポーツの定義」と同じ数学的手続きとする。以下，具体的な構成である。

　第 3 節：「定義」について哲学的な考察より検討する。部活動は，「生徒の自

主的な，自発的な活動（文部科学省，2017，2018)」であり，人々の自由な集まりを意味し，イギリスのクラブ（club）が原点（中村，1979，pp. 26-27）となる。

第 4 節：イギリスの「club」，その影響を強く受けたアメリカの「club」，そして両国の「club」の影響を受けた日本の「倶楽部」を考察する。

部活動を国際的に比較検討する際，中澤（2014，p. 50），関（2015，p. 13）の先行研究はこの 3 ヵ国を考察しており，学術研究の手続きとしても妥当性が認められる。

第 5 節：日本では1970年に入ると，正課としての「クラブ活動」が誕生し，別称として「必修クラブ」とも呼ばれ，この教育制度をめぐり教育現場は大きく混乱した（例えば神谷，2015，pp. 67-71を参照）。部活動を定義するためには日本の「必修クラブ」の議論は看過できない。

第 6 節：第 3 節から第 5 節の考察を基にしながら，結論として「部活動」の定義を示す。

第 7 節：まとめとして「スポーツ」と「部活動」の違いを説明する

第 3 節　部活動の辞書的定義

まずは「部」「部活動」「クラブ」に関する項目を辞書で把握する。表11に整理した。「部」の辞書的定義は 6 つある。この中で，部活動を議論する上での「部」の定義として妥当性があるのは「④学校・会社などでの同好の集まり」である。しかしながら「部」は学校以外の会社を含むため，部活動を議論するための「部」の定義は外延を明確に定める必要がある。そのためには部活動に共通する性質，つまり内包の検討が重要である。「外延」とは，ある言葉が示す対象の範囲であり，「内包」とは，ある言葉が示すものや現象が共通してもっている性質のことである。部活動は日本だけに存在するものではなく，「部活動」を定義づけるためには共時性を欠くことができない。さらに「1877年頃の東京大学ボート部（神谷，2015，p. 8)」と「2018年頃のゆる部活（中小路，2019，p. 10)」を考察するためには通時性の欠遺も許されない。加えて，辞書的定義によれば，昼休みの時間に遊ぶ集団，放課後に趣味を共有する人たちも

表11　「部」「部活動」「クラブ」に関する辞書的定義

部	①分けること。分けた一区分。 ②官庁・会社などの業務組織の区分の一。普通，課の上，局の下に位する。 ③歳入歳出の予算または決算上の区分の一。 ④学校・会社などでの同好の集まり。 ⑤書物の数を表すのに用いる語。 ⑥書物の内容の分量。
部活動	特定の文化的・体育的分野や種目を専門的に追求する児童・生徒の自治的な教科外活動。 部活。クラブ活動。
部活	部活動の略
クラブ 【club・倶楽部】	①政治・社交・娯楽，あるいは学校の課外活動で，共通の目的によって集まった人々の団体。また，その集合所。 ②（会員制の）バー・娯楽場。
クラブ活動	学校の正規の教科学習以外に，児童・生徒が共通の興味・関心に基づき，クラブを組織して自発的に行う活動。各種の研究会・同好会・運動競技など。 特別活動の一領域。

（注1）辞書的定義については，広辞苑（第七版）を用いた。
（注2）この表は関（2022）からである。

「部」に該当する。これらの同好の集まりを「部活動」に含めてもよいが，そうすると部活動を議論する焦点が拡散してしまう。それを避けるためにも，「部活動」の定義づけは，辞書的定義だけでは不十分であり，第1章と同じように使用可能な範囲をより正確に限定する「数学的定義」が求められる。

第 4 節　クラブ（club）の語源について

4-1　イギリスのコーヒーハウスからクラブ

　中村（1979，p. 27）は英和辞典より「club」の語源を考察しているが，辞書の最初の記載は「こん棒（cudgel）」の意味であり，「こん棒」の太く重くなった部分は，何かを束ねたような印象を与え，女性が髪を後頭部に集めて束ねたものを「クラブ」というようになり，その後だいに人間の集まった状態をも意味するようになった，と記述している。そして17世紀当時に爆発的に流行した「コーヒーハウス」などを根城に「クラブ」を結成し，メンバーで食事をするようになった（中村，1979，p. 28）。

　近世・近代のイギリスにおいて，結社や集団形成の拠点となったもので重要な施設は「コーヒーハウス」「タヴァーン（料亭）」「パブ」の類である。特にコーヒーハウスについては，諸説いろいろとあるが1652年頃ロンドンに広がったといわれている（川北，2005，小林章夫，2000，中野忠，2007，吉田直希，2008などを参照）。川北（2005，p. 98）は，コーヒーハウスの別室で政治を論じる小会議こそが，やがてイギリス社会を特徴づけることになる「クラブ」の初期にほかならないと考察し，1660年頃，コーヒーハウスの奥の一室が，「クラブ」のために用意されるようになったと述べている。

　以上，イギリスのコーヒーハウスからクラブの語源を概観すると，「クラブ」の条件として中村が指摘する次の3点がみえてくる（中村，1979，p. 30）。その3点とは「1．社交」「2．経費の自弁」「3．自治」である。これは「部活動」の定義を検討する上でも重要な視点であり，そもそも「クラブ」は自分たちがスポーツ，芸術などを楽しむために集結し（社交），そこで必要とされる経費を自分たちで賄い（自弁），会員たち自らが自由な意思のもと民主的に活動（自治）するのは当然である。そして中村（1979）が見落としている視点として「継続」がある。コーヒーハウスはいつでも自由に参加することができ，1回限りの営業や単発のイベントは含まず，「継続」が求められてくる。コーヒーハウスからみたクラブの数学的定義を表12にまとめた。今日の部活動がもつ自主性，自治といった概念（例えば，神谷，2015）から「部活動」を捉えれば，イギリスの「クラブ」が源流といえる。しかしながら，「②自弁性」が部活動の条件になってしまえば，日本に限らず世界中の大部分の部活動は対象外となる。既述したが，本書では和洋を問わず部活動を広範囲に適用させることを目途とする定義であるため，「②自弁性」を除くことが妥当と判断した。また「①社交性」は部を活動する上での随伴的なものであり，条件に加えても

表12　コーヒーハウスからみた「クラブ」の数学的定義

①	社交性	さまざまな情報交換
②	自弁性	必要な経費を個人が自弁するという経済的な自立
③	自治性	個人あるいは会員の自由な意思
④	継続性	1回限りではなく継続した集い

（注）この表は関（2022）からである。

よいし外してもよいと考えるが，数学的定義は可能な限り簡潔にすることが望ましく，本書では敢えて条件に含まないことにした。

4-2　アメリカへ渡った「クラブ」そして「結社」

　綾部（2005，p.3）によれば，クラブ（club）という英語は「執着する，団結する」という意味のクリーブ（cleave）という語に由来し，イギリスが発祥である。前節で議論した通り，17世紀のイギリスにおいてコーヒーハウスが人気を集め，そこに様々な人たちが定期的に集まり，やがてそこを基点とした「クラブ」が発展していった[6]。アメリカ社会はイギリスの影響を受け多くの「クラブ」が生成した。例えば，青少年の人格形成と野外活動を結びつけたボーイスカウトはイギリスの軍人ベーテン＝パウエル（Robert S. S. Baden-Powell, 1857-1941）によって1908年に初めてイギリスで創設された。その後，1910年，ボイス（William Dickson Boyce, 1858-1929）がアメリカにイギリスをモデルとした「ボーイスカウト・オブ・アメリカ」を設立した（能登路雅子，2005, pp. 198-199）。

　YMCA（Young Men's Christian Association）もイギリスのジョージ・ウィリアムズ（George Williams, 1821-1905）がキリスト教の青年たちを「クラブ」化したものであり，その後，1851年にアメリカへと伝わった。このようなボーイスカウト，YMCAは血縁や地縁を紐帯の原理としない約縁集団であり，これを綾部（2005，p.4）は「結社」と呼び「<u>なんらかの共通の目的・関心をみたすために，一定の約束のもとに，基本的には平等な資格で，自発的に加入した成員によって運営される，生計を目的としない私的な集団（下線は筆者）</u>」と定義した。この定義はシュー（F. L. K. Hsu, 1971）の「クラブ」の定義を参考にし，アメリカにみられる全ての集まりを「クラブ」という語彙で一般化させたものである。以下，この定義を考察する。

　まずは定義であるためには，「どのレベルのものに対してなのか」「どんな条件をみたすか」という部分が明確になっていなければならない。結社の定義を数学的定義に置き換える（表13）。「結社」とは表13の全ての条件を充たす「人の集まり」である。

　部活動の条件に「①私的性」を含有させてしまえば，イギリス，アメリカに

表13　結社の数学的定義

①	私的性	公的な機関ではない
②	継続性	目的を達成するために継続的に活動する
③	自主性	目的に賛同した人が自主的に加入する
④	対等性	成員は対等な関係である
⑤	自治性	成員自らが運営する

（注1）②継続性では「ただし生計を目的としない」が補助事
　　　項となる。
（注2）②から⑤は，全て「一定の約束」を含むと考えた。
（注3）この表は関（2022）からである。

ある「部活動」は全て無効となり，また日本も同様である。むしろ「部活動」には「公的性（学校）」が担保されなくてはならず，絶対的な条件となる。「④対等性」は部活動においても望まれる条件の1つとなりうるが，ある部活動の成員間の関係性が真に対等かどうかを判断することは困難である。さらに生徒と教員の対等性を判断することも難しい。数学的定義では曖昧な条件は認められない。例えば，「対等な人たちの集まり」「楽しく活動している人たちの集まり」等の条件を数学の世界では承認することができない。なぜならば，条件が曖昧で規範を示すことができないからである。同様に，「⑤自治性」に関しても，生徒たちが自ら部活動を運営することが本来は望まれるべきことであるが，「誰が」「何を基準」に自治性を証明できるのかが曖昧である。よってこの証明は不可能である。むろん，本書においても部活動の「自治」の重要さを理解し尊重する立場ではあるが，数学的定義の条件として認許することはできない[7]。翻って，「③自主性」に関しては，加入（脱退）は明確に判断することができるため，数学的定義の条件を充たすものである。

4-3　日本の倶楽部

　イギリス，アメリカの「club」という概念が日本に持ち込まれ「倶楽部」という当て字が用いられた。橋爪紳也（2006，pp. 228-229）は幕末期から大正期にかけて出版された辞書に記載された「club」の意味をまとめ，「club」に対する当時の日本人の理解が変容していく様を考察している。その中で，明治初期においては「倶楽部」ではなく「苦楽部」という表記が一般的で，それは前節で考察したイギリス，アメリカの「club」を転用したため「交遊上の会合」

表14　日本における club（クラブ）の辞書的定義の変遷

年代	辞書名	記載内容
1866	改正増補英和対訳袖珍辞書	仲間。
1873	附音挿図英和字彙	会合。会社。
1893	日本大辞書	苦楽部。
1911	辞林	会。組合。（倶楽部）
1912	新式辞典	同好者などが組織した衆団。
1913	文学新語小辞典	倶楽部とかく，政治，社交其他のある共通の目的によって結ばれた一群の人々の会合をいふ。
1935	辞苑	共通の目的によって結合した人々の団体。又，その集合娯楽の場所。倶楽部。
1955	広辞苑（第 1 版）	①政治・社交・文芸・娯楽その他共通の目的によって結合した人々の団体。また，その集合所。倶楽部。
	club 活動	学校の正規の教科学習以外に生徒がクラブ組織によって自発的に行う各種の研究会・同好会・運動競技などの活動。

（注 1 ）橋爪（2006，228-229頁）の資料を筆者が精選し抜粋した。
（注 2 ）辞苑は広辞苑の前身である。原文は旧字体である。
（注 3 ）広辞苑（第 1 版）では「児童生徒」ではなく「生徒」との記載への留意が必要である。
（注 4 ）この表は関（2022）からである。

の意味が，苦楽を共にするといった意を託した（橋爪，2006，p. 230）。「club（クラブ）」の辞書的定義の変遷を表14にまとめた。

　「club（クラブ）」の初出は1866年（慶応 2 年）であるが，「club」の概念をもたない日本では「仲間」という訳語が充てられた。この当時またはそれ以前に，日本にも「club」と同じように，個々人が結集して活動する様々な集まりがあり，例えば「道場」「若者組」「寺小屋」「社中」「青年会」[8]がそれに該当する（以下，日本的クラブ）。

　このように人々が集うのは，個々人の自由を目指したり，自己の関心や動機に基づいたりするからである。このような自由な集まりが生起するのは日本に限らず世界的にみても普遍な現象である。そうした中で，西欧の「club」という概念が，日本的クラブの概念と調和し定着するまでには長い年月を要した。特に辞書的定義として，1955年の広辞苑（第 1 版）において「クラブ」の中の「club 活動」ではあるが，「学校の正規の教科学習以外」という意味を有するまでになった。「クラブ」の初出から約90年後である。

　表15は日本にできた倶楽部（以下，「club」または「クラブ」と表記）の変遷をまとめたものであり，幕末から明治初期にかけて日本で設立されたクラブ

表15　日本にできた倶楽部の変遷

年代	クラブ名	概要
1863	ヨコハマ・ユナイテッド・クラブ	日本に滞在するイギリス人の社交場兼宿泊施設。
1863	ジャーマン・クラブ	ロシア領事たちが設立。ドイツ人以外も加入。
1866	ヨコハマレース・クラブ	居留外国人有志が結成。日本最初の洋式馬場「根岸競馬場」。
1866	バージー・クラブ	同好会組織がボートハウスをつくる。
1868	ヨコハマ・カントリー・アスレチッククラブ	日本最古のスポーツクラブ。クリケット，ラクビーなど。
1868	クラブ・コンコルディア	ドイツ人を中心メンバーとするクラブ。神戸の居留地。
1870	コウベ・レガッタ・アンド・アスレチック・クラブ	スポーツ好きの外国人43人がクラブを結成した。
1872	ナショナルクラブ	西村勝三氏は自邸内に来客を招き，談話，囲碁などに興ずる。
1873	ヨコハマ・ベースボール・クラブ	ベースボールの愛好家。
1884	東京倶楽部	日本の社交クラブの草分け的な存在。鹿鳴館がクラブハウス。

（注1）橋爪（2006），中川（1980），棚田（1988），綿田（2003）などの資料を筆者が精選し整理した。
（注2）この表は関（2022）からである。

の名称である。これをみると「ヨコハマ（横浜）」を中心に「クラブ」が発展してきているが，横浜は港湾都市であり，欧米との交流を促進する玄関口であったためである。生野摂子（1993，pp. 63-64）によると，居留地の外国人は，日本人に欧州文化を紹介しようと思って欧州の生活様式を営んでいたわけではなく，本国と同じ生活を楽しむことに固執し，精力的に活動することによって，示唆的に母国の生活文化を次々に居留地に定着させていった。つまり日本に本場の「クラブ」を創ったのである。欧米人にとってクラブ，特にスポーツクラブは，異国での生活を営む上でも不可欠な集いの場であった。スポーツは日常生活から解放されるレクリエーション的な意味合いを含み，西欧で誕生した「スポーツ」の語源に通じる。

　その結果，居留地で生活する欧米人の活動が周辺に住む日本人に影響を与えたり，幕末の陸軍海軍の兵学校の欧米教師軍人を相手にしたり，高等教育機関の欧米人学生との定期的な交流を繰り返したりしていく中で，多くの日本人学生がスポーツの意味や価値を身につけ，全国に散らばり，彼らの居住地でスポーツを紹介し普及を進めていった（江口潤，2014，p. 29）。このように，この当

時に設立されたクラブの中でも特にスポーツクラブが，その後の日本の学校教育（教科外活動のみならず保健体育教科も含む）に多大な影響を与えていくことになる。神谷（2015，pp. 8-12）が述べるように，学校におけるスポーツのクラブ（運動部活動）は，高等教育機関（大学，師範学校など）で広がり，その後，大学の運動部員の活躍によって小学校，中学校へと波及していくことになる[9]。とりわけ今日の学校における運動部活動の盛況については言を俟たない。

小　　括

部活動がもつ自主，自治といった概念から「部活動」を捉えれば，イギリスの「クラブ」が源流となることを明らかにした。またイギリスの「クラブ」の影響を受けたアメリカの「結社」も，部活動の条件を抽出し参照点にすることができることを示した。本節の小括として，「部活動」の数学的定義の条件として「自主性」「継続性」を証した。

そして日本の倶楽部についても概観したが，さらに学校と部活動の関係性を吟味する必要が出てきた。次節で議論する。

第5節　日本における「必修クラブ」「クラブ活動」「サークル活動」「部活動」

5-1　「必修クラブ」と「クラブ活動」

1969年の中学校学習指導要領によって「必修クラブ」が制度化されてから，それまで放課後に行われていた「クラブ活動」と二重の「クラブ」が存在し教育現場は混乱した。そのため城丸（1992，p. 322）は「用語上の変化を生み出すことになった」と考察し，学校教育で一般的に使用されている用語として「クラブ活動」とは必修の「クラブ活動」のことを指し，ときには「必修クラブ」「授業クラブ」「課内クラブ」と呼ばれ，そして従来の運動部活動と文化部活動のことを「部活動」と呼び，ときには「課程外クラブ」「科外クラブ」と呼び必修の「クラブ活動」と区別するようになったと論じている[10]。

城丸（1992，p. 322）は，「必修クラブ」の課題として「施設の不足」「活動費の不足」「希望するクラブへ加入できないこと」等を挙げ，自治的な活動と

はいえないと諷示している。第4節で議論したが，国際的にみれば自治的同好会集団のことを「クラブ」「結社」と呼んでいるのに対して，「必修クラブ」においては入部や退部に対する自由が保障されておらず，カリキュラムに束縛される強制的な活動である。つまり「自主性」が保証されていない。そうした意味において，「部活動」のことをクラブと呼ぶに相応しく，城丸（1992, p. 322）は「『運動部』とは『部活動』をしている『部』のことであり，本来的な意味での『クラブ』のことである」と述べている。すなわち「必修クラブ」は「club」の概念をもたないため，「クラブ」でも「部活動」でもないという論理である。むしろ「部活動」の必須条件として「教育課程外」が条件づけられる。

5-2　「サークル」と「部活動」

　本節は「サークル」と「部活動」の違いを議論する。新井洋輔（2004），新井洋輔・松井豊（2003），橋本ら（2010），高田・松井（2012）らは，「部活動」と「サークル」を分けず一緒げに捉え調査研究を行っている。特に新井（2004, p. 35）はサークル集団を，公認・非公認を問わず，クラブ・サークル，体育会と呼ばれる，スポーツや趣味の活動を目的とした集団と定義している。一方，安達悠子・杉山紗希（2019），蔵本健太・菊池秀夫（2006）は，「部活動（体育会）」と「サークル」の違いに着目し調査研究を行っている。前者と後者は共に大学生を対象にしたアンケート調査を実施しているが，部活動においては公式／非公式を問わず学生団体に所属していることを条件（定義）とし，サークルにおいては，当該大学に登録されていることを条件（定義）とし，「部活動」と「サークル」に分類している。

　城丸（1992）は戦後，高校や大学において自由な結社となる「サークル」が盛んに誕生したと述べ，むしろ，他の利益（学校など）のために活動する「部活動」より，純粋な同好者集団である「サークル」の方が「クラブ」と呼ぶに相応しいと評価している。そして「部活動」と「サークル」の違いを以下のように位置づけている。

　　　「サークル」は学校の施設を利用することが許されてはいるが，校費からも生徒会や学生自治会からも財政的支援を受けていない同好会のこと

で，「部活動」は財政的援助を受けているもののことだというとらえ方が
一般的である（城丸，1992，p. 323，傍点は筆者）。

　城丸が描く「クラブ」とは，第 4 節で議論した「コーヒーハウス」「結社」「倶
楽部」が根底にある。そのため，この引用が示すように「自弁性」に対して手
厳しい。すでに議論した点ではあるが，部活動の定義の条件の 1 つとして「自
弁性」を含有させることは論者にとって自由である。しかしながら，やはり本
書においては「自弁性」は棄却とする。その理由は 2 つある。1 つめは，部活
動は学校の中に含まれるものであり，数学の集合論で記せば「部活動⊂学校」
となり包含関係にある。小学生，中学生は義務教育期間であり，自分で部活動
の費用を負担することは不可能である。また高校生も同様である。2 つめは，
「自弁性」よりも「許されてはいる（城丸の引用中）」の観点の方が重要と考え
る。先のサークルの調査研究でみた学校側の「登録」の有無の方が重大な検討
事項である。つまり「公認性」である。これはイギリス，アメリカ，日本の部
活動に共通した事象であり部活動の定義の条件として相応しい。部活動の一般
的な呼称は，部，クラブ，同好会，サークル等，何でも構わないが，学校が認
めた「公認性」の担保が「部活動／それ以外の活動」の分岐となる。数学的な
説明が可能となる。

小　　括

　「必修クラブ」は「部活動」ではない。本章の小括として，「部活動」の数学
的定義の条件として「公認性」を証した。また「教育課程外」が部活動の前提
条件となる。

第 6 節　結論（部活動の定義）

　定義は，その意味が曖昧であったり，内容を把握することが困難であったり，
多様な解釈ができる記述は相応しくない。例えば，「楽しく活動する」「人間形
成を目指した活動である」など判断に窮する多義的なものは定義の条件として
の適切性を欠く。そうした意味からも，第 4 節で試みた数学的定義による考察

から，「部活動」の概念を形成しうる事項を抽出すると次の条件が顕在化してくる。

　1つめは，「部活動」の条件として最も尊重されるべき事項は「自主性」である。「自主性」とは「他者に依存することなく，他者に責任転嫁することもなく，自らの考えと責任において行動すること（文部科学省，2011，p. 10）」である。つまり部活動における「自主性」とは，「部活動」への入部および退部が保証されるものであり，その意志決定は自らの考えと責任による。尾見（2019，p. 63）は，日本の部活動における退部に対する否定感情を問題視し，何が何でも部活動を継続することを善とし，部を辞めることができない「一途主義」を批判している。「部活動」は，個人の入部・退部を尊重し，その自由意志を保証するものでなければならない。

　2つめは「継続性」である。数学的定義として表12，表13で考察したが，ある目的を達成するため継続的に活動することは「部活動」の必要条件である。「継続」の期間は「部活動」によって様々でよい。例えば，アメリカ（宮田，2016など）やニュージーランド（西尾，2017など）のシーズン制（季節性）の場合もあれば，日本のように1年間（もしくは3年間）を継続期間とする場合もある。定義をつくる上で重要なことは，期間を決めることではなく，「継続」が条件となることを宣言することである。

　3つめは「公認性」である。「自主性」「継続性」だけでは「部活動」の外延が拡く，許容性が大きい。例えば，中村（1979）の「第二サッカー・クラブ」を「部活動」に含めてしまえば，昼休み，放課後などに，有志たちが継続的にトランプに興じる活動，ボランティア活動を行うこと等々も「部活動」として認めなくてはならない。繰り返しになるが，これでは外延が伸展し過ぎてしまい何でもかんでも「部活動」になる。外延を定めるため「公認性」を定義として宣言する。イギリス，アメリカ，日本の部活動は，必ず学校（長）が認めた責任者（顧問）の管理下で活動している。つまり学校が承認した活動である。この条件は学校における「部活動」を明確に定義する上でも重要な事項である。

　以上をまとめると，本書の考察から導かれた「部活動」の定義は表16のようになる。

表16　部活動の定義

「部活動」の定義は、「教育課程外においてスポーツ等を行う組織」である。 　　そして以下の条件を満たすものである。 ① 自主性…部活動は入部・退部が自由な活動であること ② 継続性…部活動は単発の活動ではないこと ③ 公認性…部活動は学校が認めた活動であること

(注) この表は関（2022）からである。

第**7**節　ま と め

　まずは「異なる」ということについて数学的に考えてみよう。

1. 同じ集合に含まれている（種類は同じ）

　　例：整数の「4」と「5」は異なる

2. そもそも同じ集合に含まれていない（種類自体が違う）

　　例：「2」と「三角形」は異なる

以下，両者の定義より簡便な性質を記述する。

スポーツ：競い合い

部活動　：学校公認の自主的な課外活動

　一例として「卓球（スポーツ）」と「卓球部（部活動）」を挙げる。卓球はスポーツの定義を充たすが，部活動の定義は充たさない。そして，スポーツは本質的に競い合うことであるが，「卓球部」は必ずしも競い合いを主眼としていない。つまり，スポーツと部活動は異なる。

　本章の目的は「部活動」の定義を示すことであった。その結果，「部活動」の定義は，「教育課程外においてスポーツ等を行う組織」であり，「①自主性」「②継続性」「③公認性」の条件を充たすものである，という結論に至った。

　さて，この定義の中で，「スポーツ等」とスポーツを代表させているが，む

ろんスポーツを行わない部活動は多数ある。部の活動内容をイメージしやくするため便宜的に「スポーツ」を象徴させただけである。肝要なことは，活動内容から部活動の是々非々を判断することではなく，かかる部活動が定義を充たしているかどうかである。定義を充たす部活動の活動内容は教育的である。なぜならば，部活動の教育的な質保証は「公認性」によって担保されているからである。

■ 註

1）「部」は企業等にも存在する。そのため企業等の「部」とは区別するため，さしあたり「部」とは，いわゆる学校における部活動のことを指し，本論の定義は後ほど行う。

2）クラブ・サービス（club service，略してC. S.）とは，人々の運動の成立・維持に必要な直接的条件の整備に関する営みの1つで，運動のための集団を育成し，その集団のもつ体育的機能をできるだけ活用し，運動者が望ましい体育的活動に向かうようにする営みの総称である（宇留間，1991，p. 79）。

3）本来であれば，組織概念としての「部」と行為概念としての「活動」は分けるべきであろう。しかしながら尾見（2019）が説明するように，「部」と「部活動」の概念を明確に峻別することは困難であり，また「部活」という中途半端な呼称も一般的である。そのため本書では，文章上の表現として「部」と「部活動」を使い分け，文脈上において筆者が妥当だと考える方を使用しているが，両者の明確な違いを意味するものではないことをお断りしておく。

4）勝つことよりも体を動かす楽しさとして「体力向上部」「軽運動部」など，聞き慣れない運動部活動が生まれている（中小路，2019，p. 10）。

5）吉田（2019）は，eスポーツは高校生の間にも普及しつつあり，すでに高等学校の部活動として活動を開始し，今後は，eスポーツは高校の課外活動として拡大していくことが予測されると示唆している。

6）「クラブ」という名称は，様々な任意団体，結社，アソシエーションを呼ぶのに用いられるようになる（綾部，2005，p. 4）。

7）部活動の自治をめぐっては神谷（2018，p. 52）の「自治内容チェックシート」が秀逸だと筆者は考える。しかしながら，このチェックシートは大人の視点から作成されたものであり生徒たちが自ら作成したものではない。そもそも自治とは何かの定義も必要になるが，その議論は本書の守備範囲を大きく逸脱するため，別稿の課題としたい。

8）例示したものは，日本においても古今東西で「club」と同じように個々人が自由に集まっていたことを証するものである。これらを丹念に編纂した綾部・福田（2006）の学術書は良書であり，「club」を検討する上で有益である。

9 ）神谷（2015，p. 9 ）が指摘するように，当時の大学の運動部員たちは自らがスポーツを楽しむだけではなく，彼らが小学校，中学校へ訪問し，スポーツの仕方，ルールを教えていたことへの留意が大切である。

10）1970年代頃の「必修クラブ」と「部活動」に関する議論については，神谷（2007），野崎耕一（2003），長崎文郎（1978），羽山孝二（1973），佐々木吉蔵（1973），前川峯雄（1973）などが詳しいので参照されたし。

補章 2

スポーツと体育

本章はこれまでの「体育」の概念，特に定義に焦点をあてた議論に着目しながら，「スポーツ原論」を引照し，新たな知見の提案を試みたい。

第 1 節　これまでの「スポーツ」と「体育」をめぐる議論

スポーツと体育を比較した議論は，哲学や教育学を中心に今日まで広く行われている（L. Á. da Costa & T. O. Lacerda, 2016, R. A. Mechikoff, 2006, A. Casimir, 2013, J. R. Chepyator-Thomson & S. -H. Hsu など）。友添（2020, pp. 8 -17）は「スポーツと体育を考えるために」という論考の中で，スポーツの概念を明確にし，定義することは不可能に近いと述べている[1]。その理由は，スポーツと呼称される事態がダイナミックに日々変容する時代においてスポーツを定義することは極めて難しく，スポーツそれ自体の広がりや概念は常に移り変わるものだからである。また氏は教育概念としての体育をまとめており，「①体育は教育であること」「②時代とともに体育概念のとらえ方が変化してきていること」「③体育とスポーツは活動形態の類似性があったとしても，スポーツは体育という教育的営みの中で一定の教育目標を達成するための手段，媒介であること，換言すれば体育概念は人間形成を目的とする教育概念のいわば下位概念（種概念）であるということ（友添, 2020, p. 16, 傍点は筆者）」と述べている。この主張を筆者は支持する。なぜならば，氏の主張は「スポーツ第4定理」そのものである（第4定理は，スポーツを行う目的や価値は任意である。スポーツは道具である）。

井上洋一（2020）は法的な立場から「体育」と「スポーツ」の違いを論じている。氏は法的な立場として，法令と法学研究の2つに着目している。はじめに法令においてであるが，「スポーツ」はスポーツ振興法，スポーツ基本法で

表17　法令からみた「体育」と「スポーツ」

	スポーツ振興法	体育・スポーツ普及振興[注1]	スポーツ基本法
成立	1961年	1972年	2011年
スポーツの定義	あり	なし	一部あり[注2]
体育の定義	なし	なし	なし
スポーツと体育の関連	強い	不明確	同義語
内容	非強制性 教育目的性 非営利性	欧州のスポーツ・フォア・オールとの調和	障がい者スポーツを含む プロスポーツを含む

（注1）　正式名称は「体育・スポーツの普及振興に関する基本方策について」である。
（注2）　概念的な定義がいくつかある。
（注3）　この表は井上（2020，pp. 39-41）の記述を筆者がまとめたものである。

一部定義され，「体育」については明確な定義は見出せなかった，と結論づけている。表17は井上の記述を筆者が表にまとめたものである。

　次に井上は法学研究として文献資料から「体育」と「スポーツ」について整理し検討している。井上の記述をまとめたものが表18である。井上は「No. 1からNo. 3」までは「体育」と「スポーツ」の明確な定義がなされておらず，基本的に「体育」の用語を使用し，社会でのプール，スキーなどのスポーツ的な活動を内包して考えられていたと考察している。ただし，「事故」を扱った章においては「体育・スポーツ」とまとめ総称していることを指摘している。「No. 4」では，書名こそは体育であるが，内容は「スポーツ活動」「体育・スポーツ事故」と「スポーツ」という語彙を使用しており，学校管理下では「体育」という用語を使用しているという。しかしながら，「体育」と「スポーツ」の明確な定義はなく，事故と法的責任の範囲を超えていないと示唆している。「No. 5」では，「体育」と「スポーツ」を分けることは困難と判断している。「No. 5」以降は，一貫して「スポーツ」の用語が使用されていくことになり，「No. 6とNo. 7」においては定義らしい記述がみられるようになったことを述べている。表の「注1と注2」に記載しているが，これは定義とは呼べず，スポーツを概念化したものである[2)]。井上が試みた法学研究のまとめの考察は，「スポーツ法学の研究分野としては，内容構成をみると『スポーツ』が広い概念としてあり，『体育』は学校教育との関わりとして捉えて，内包する関係となってきたと解釈できる（井上，2020，p. 43)」と締め括っている。

表18　文献からみた「体育」と「スポーツ」の違い

No	発刊年	著者	タイトル	スポーツの定義
1	1969	伊藤堯	体育と法	×
2	1972	深谷翼	体育法学	×
3	1973	園部暢・田所勝太郎	体育と法	×
4	1980	伊藤堯	体育法学の課題	×
5	1988	濱野吉生	体育・スポーツ法学概論	×
6	1995	千葉正士・濱野吉生	スポーツ法学入門	○ (注1)
7	2005	小笠原正 監修	導入対話によるスポーツ法学	○ (注2)
8	2011	日本スポーツ法学 編	詳解スポーツ基本法	○ (注3)
9	2016	日本スポーツ法学会 監修	スポーツ法学：標準テキスト	○ (注4)

（注1）一定の規則の下で，特殊な象徴的様式の実現を目指す，特定の身体活動による競争。
（注2）ルール・競争・様式にとらわれない心身の運動や健康のための運動を中心とした身体活動。
　　　さらに文化としての「スポーツ」と教育としての「体育」という表現で分けている。
（注3）基本的にスポーツの定義に関する解釈は注2と同じだと井上は述べている。
（注4）基本的にスポーツの定義に関する解釈は注2と同じだと井上は述べている。
（注5）この表は井上（2020，pp. 41-43）の記述を筆者がまとめたものである。

　井上（2020）の法的立場（法令上，法学研究）を概観してきたが，どうやら「スポーツ」の外延は広く，「体育」は学校教育に収斂しているようである。また「スポーツ」は任意の定義づけが可能であるのに対し，「体育」の定義づけは相当難しいことが分かる。氏は，「法の分野では，両語の異同をこれまであまり意識しないで使用してきたとみえる。（中略）明確な定義をしてこなかった。あるいは避けてきたのかもしれない（井上，2020，p. 44）」とまとめている。

　友添はスポーツの定義づけが難しいといい，井上は体育の定義づけが難しいという。前章の部活動とは異なり，すでに体育原理論として体育の定義に関する研究がある。次節はその研究を概観してみよう。

第2節　体育原理論

2-1　これまでのスポーツのルールをめぐる議論

　本書の「スポーツ原論」と同様に「体育原理」を目指す研究がある。佐々木究（2015，p. 2）は「体育とはなにか？」という問いをめぐる議論から，体育の自己同一性を定立することに主観的に取り組んでいる著作を「体育原理論」

表19　佐々木の体育原理論の再分類

分類	発刊年	著者	著書タイトル	定義の素描
Ⅰ．「原義」に基づくもの				
	1993	佐藤臣彦	身体教育を哲学する	体育をスポーツと切り離す
Ⅱ．「現状」に基づくもの				
	1958	前川峯雄	体育学原論	スポーツをも含めた身体活動
	1962	高部岩雄	体育学原論	体育の定義は身体運動
	1965	出口林次郎	改訂増補 体育学原論	円満なる人格の完成
	1980	篠田基行	体育思想史	身体活動を通した人間形成。現代体育
	1980	城丸章夫	体育と人格形成	体育とスポーツは同義ではない
	1983	永井康宏	体育原論	広狭 2 つの定義
Ⅲ．根拠が不明のもの				
	1965	丹下保夫	体育技術と運動文化	運動文化の学習。体育における人間形成
	1969	石津誠	体育原理	人間形成への実践
	1984/1985[注1]	阿部忍	体育の哲学的探究	体育とは…教育である
	1985/1990[注2]	川村英男	改訂 体育原理	体育は好ましい影響を期待して行う活動

（注1）佐々木は，実見した版が異なる場合には両者を並記している。
（注2）佐々木は，実見した版が異なる場合には両者を並記している。
（注3）この表は佐々木（2015）の論述を筆者がまとめたものである。

と命名している[3]。佐々木は機知に富む体育原理論の先行研究を丁寧に審究し
類型化している。それを筆者がまとめた（表19）。各研究者の定義の素描は筆
者の解釈で編修したものであるため不十分な作表であることをはじめにお断り
する。詳細を知りたい読者は，是非とも佐々木（2015）の秀逸な論文に目を通
していただきたい。筆者は，このまとめた資料（表19）だけでも十分に「スポー
ツ」と「体育」を比することができるのではないかと考えている。それらを引
き比べる前に，佐々木は論文の中で言及していないが，この表19から 2 つの大
きな論点がみえてきたので先に確認しておきたい。1 つめは著書タイトルであ
る。「体育学原論」と「体育原論」の 2 種類があるが，これはどういうことな
のであろうか。字義通りの解釈を試みれば，前者は「体育学を研究するための
原論」で後者は「体育を扱うための原論」である。それぞれ別の原論を目指し
たのものだったのではなかろうか。2 つめは定義である。紙幅の関係上，筆者
の定義の素描の編修が粗放なことを認めつつ，佐々木（2015）の考察をいくら
詳解に理解しようと努めても，表19の著者たちの定義を理解することができな
かった。彼らの論旨は定義というよりも，概念を概念で説明づけたものだと感

じる。この 2 点の論点は筆者の問題提起として留めておきたい。

2-2　体育の定義（関数的定義）

　佐々木は別稿として佐藤（1993）の体育原理論を吟味している（佐々木・田井，2013）。佐藤（1993）の体育原理論は本書と同様に「体育とは何か＝What's physical education?」といった問いを審究するもので，これ以降は新たにまとまった議論，挑戦した議論が導出されておらず，我が国における最新の体育原理論とみることができる（佐々木・田井，p. 22）。また佐藤の体育原理論は多くの研究者に引用され，高く評価されている[4]。さらに体育の定義を「関数的定義」をもって説明づけているところは，本書と軌を一にするもので興味深く，オリジナリティに溢れている。以下に佐藤の体育の定義をみていく。

　体育の定義に先立ち，佐藤は教育を関数として定義することで，初めて我々は教育の概念的特性を把握できることになると述べ，次のように教育の関数的定義を定立化している（佐藤，1993，pp. 98-101）。

$$E = f\ (a,\ b,\ c\ |\ P)$$

E＝education

f＝function（関数）

a，b，c は独立変数

　　a＝働きかけるもの＝能動者

　　b＝働きかけられるもの＝受動者

　　c＝教材

P＝purpose（目的・目標）

　佐藤は体育概念も教育の場合と全く同様に考えてよいと述べ，以下の関数的定義を与えている[5]。そして，体育とスポーツの差異性を語っている。

$$PE = f\ (a',\ b',\ c' \mid P')$$

　PE：体育
　　a'：作用項
　　b'：被作用項
　　c'：媒体項
　　P'：目的，目標
　　｜：条件

　体育は，巷間，思いなされているように，スポーツなどの身体運動と等価なのでは決してなく，それを独立変数の一角である媒体項として組み込んだ関数概念として，すなわち，関係性を範疇基盤とする概念として，まず，理解されなければならないのである（佐藤，1993，p. 217，傍点は筆者）。

　体育とスポーツとは「体育∩スポーツ＝∅」，共通の範疇基盤を持たない「互いに素」となるような「隔離概念」なのである。重ねていえば，「身体教育（体育）」が，何らかの「目的・目標」を条件としての，作用項，被作用項，媒体項それぞれを構成契機とする関数，すなわち，〈PE＝f（a'，b'，c' ｜ P'）〉と定義される関係概念であるのに対し，スポーツ等を含む「身体文化」や「身体運動」は，この関数的定義にあって媒体項（c'）に位置づくことになる実体概念であって，両者は，その範疇基盤を全く異にするのである（佐藤，pp. 223-224，傍点は筆者）。

佐藤の論考を整理すると，「体育」と「スポーツ」はそれぞれ違うものである。

第**3**節 ま と め

　スポーツと体育は異なる。本質的に異なる概念である。以下，両者の定義より簡便な性質を記述する。

　スポーツ：競い合い
　体育　　：教科の1つ

　例えば，野球はスポーツの定義を充たすが，体育の定義を充たさない。そして，「スポーツ」は本質的に競い合うことであるが，「体育」は必ずしも競い合いを主眼としていない。ゆえにスポーツと体育は同じものではない。

■ 註

1 ）本書の中でも議論しているが，友添（2020）の主張は氏の旧著（2009）が根底にある（表2参照）。そのため，ここの論についても，辞書や辞典類において示された用語（項目）を定義としている。しかしながら，氏の叙説を本書は超克した。

2 ）井上は「スポーツ」の定義だと解している。

3 ）佐々木の別稿では「体育とはなにか」に加えて「スポーツとなにか」も自己同一性にも関わる根深い難問であり，幾人もの論者がこの問いをめぐって議論を重ねてきたと述べている。そして「新しい議論の提案を見ることは少なくなっているものの，しかし，こうした問いへの回答はまだ得られていないように思われる（佐々木究・田井健太郎，2013，p. 22，傍点は筆者）」と示唆している。
　本書のスポーツ原論が佐々木氏の期待に応えるものであり，批判に耐えうるものとなっていることを期待したい。

4 ）佐藤（1993）の体育原理論の方法論は哲学的なアプローチから成るものであり，その論説は機知に富む素晴らしい研究であると筆者は高く評価する。

5 ）佐藤（1993, pp. 215-218）は，教育とはある何らかの目的的契機を条件とした上で，作用項，被作用項，媒体項を独立変数とする関数，すなわち，従属変数として定義される「関係概念」であり，体育概念もまた，身体性という限定詞を伴うが，根底においては「教育」にほかならないと述べている。体育概念の関数的定義の詳細は佐藤の書籍を確認して欲しい。

スポーツを新たに考える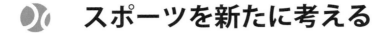

第 **1** 節　まとめに代えて

　スポーツは1つである。

　本書では，スポーツを新たに考える話柄を示せたと思っている。この「スポーツ原論」の基盤は非常に単純なものである。すなわち，スポーツには「スポーツ関数：R＝S（p）」が存在するということである。この「スポーツ関数：R＝S（p）」は，スポーツを運動，遊戯などと区別する1つの標である。

　『スポーツ原論—スポーツとは何かへの回答—』という尊大なタイトルの本書は，多義多様に取り扱われている「スポーツ」について，数学を道具立てにしながら原理的な探究を行ってきた。その帰結は，「スポーツ」という事象を抽象化，一般化，普遍化，そして構造化した。以下，まとめに代えて整理する。

　序章では，「スポーツとは何か＝What's sport?」という問いを立てた。そしてなぜ我々は「スポーツとは何か＝What's sport?」という問いに苦戦し，明確な答えを与えることが困難であるのかを説明づけた。スポーツと同様に定義づけが困難な「遊び」「ゲーム」の概念を検討しつつ，新たな研究方法論を見つけた。その結果，クロード・レヴィ＝ストロースが親族関係の中に隠れた構造を発見したように，スポーツに共通する関係性を抽出し，その背後に隠避する構造を明らかにできるのではなかろうかという着想から，その可能性を悟った。「スポーツとは何か＝What's sport?」という問いに対し，「数学的手続き」から「数学モデル」を発見し，さらにはスポーツの中に隠れている「数学的構造」を探り当てる戦略を筆者は企図した。

　第1章では，これまでのスポーツ概念と定義をめぐる議論を整理した。そして数学的手続きより，スポーツを定義づける困難さを認めた上で，次の「数学

的定義」を導いた。そしてこの定義より「スポーツ」と「遊び」の違いを明確
に示すことができた。

　　スポーツとは，（条件１）から（条件５）を充たすものである。
　　（条件１）完結性：開始と終了で閉じている
　　（条件２）競争性：勝利を求めて２人以上で競う
　　（条件３）規則性：スポートマン同士が同意したルールから成る
　　（条件４）自主性：自主的である
　　（条件５）完備情報性：不完備情報ゲームは含まない

　第２章から第４章では，数学的手続きから，スポーツの定理を４つ発見した。
以下に整理する。

　　スポーツの第１定理：スポーツは「スポーツ関数：R＝S（p）」をもつ。
　　スポーツの第２定理：スポーツのルールは「平等・公平」とは限らない。
　　スポーツの第３定理：スポーツのルールは「レギュレーション」「制限」を
　　　　　　　　　　　　含む。
　　スポーツの第４定理：スポーツを行う目的や価値は任意である。
　　　　　　　　　系：スポーツは道具である。

　第５章では，圏論を用いた数学的構造から，スポーツという現象に対し，我々
は「進行状況」と「得点」を無意識に区分けし，そして無自覚に連結させてい
ることを明らかにした。
　そして最後に，「スポーツ原論」をもとにしながら類語として取り扱われる
ことが多い「スポーツと部活動（補章１）」「スポーツと体育（補章２）」の違
いを説明した。

第 2 節　これからのスポーツへの期待

　スポーツは暴走しない。まずは玉木（2020）の論考を参照しよう。

　　旧著の「いま，スポーツが，暴走している」という一文を書いたときは，
　強く意識したわけではなかったが，改めて考え直して見ると昨今のスポー
　ツの繁栄ぶりは「快走」でも「激走」でなく，『暴走』と呼ぶにふさわし
　い気がする。

（中略）

　　「スポーツとは何か？」という疑問が投げかけられ，それに対する答え
　をみんなで考え直さなければならないだろう。スポーツは，やはり「暴走」
　させてはならない（玉木，2020，pp. 5-6，傍点は筆者）。

　「スポーツ（主語）」が，「暴走する（動詞）」とはどういうことであろうか。
この表現は文法上として正しくない。スポーツそれ自体には，自走する能力が
備わっておらず，「快走」も「暴走」もできない。スポーツを動かしているの
は「人間」である。それは本章のスポーツ原論によって明らかにされたことで
あり，「第2公理：人が存在する」「第5公理：自主的な意見をもつ人間が存在
する」「スポーツ第4定理：スポーツは道具である」から判ずることができる。
玉木氏は意識していないと思うが，「スポーツが暴走している」は修辞技法と
しての比喩的表現になっている。氏の論説は，スポーツがもつ文化的重要性を
人々が理解し，スポーツが普遍的不変的に愛され，語られ，つくりあげられる
存在でなくてはならないというものである。低俗化するスポーツに警鐘を鳴ら
す，氏の学術的な知見に富んだ論考を筆者は強く支持する。しかしながら，ス
ポーツ原論の立ち位置からは，あくまでも「スポーツとは何か」という問いに
対しては，スポーツは数学的構造をもち，「スポーツ関数：$R = S（p）$」を内包
する，という回答となる。そしてこのスポーツ原論から次の議論へのステップ
は，「スポーツの理想の姿はこうあるべきだ」「スポーツを社会に生かすために
はこうすべきだ」「スポーツを利潤目的の道具にしてはダメなのか」「スポーツ
は世界平和の象徴となるのか」など，倫理観，道徳観，価値観などを考えるこ
とになろう。つまり「スポーツのあるべき姿」「スポーツのあり方」等々の核
心的な問いである。しかしながらこの表現はスポーツ原論的には正しくない。
スポーツのユートピア（理想郷）を我々は問うことができない。これはスポー
ツの定理にて説明済みである。正しい記述は「人間のあるべき姿」「人間のあ

り方」となり，これが精確な捉え方である。スポーツよりも人間の方が大切な
議論の対象となる。そして人間を対象とするのであれば，幸福に関する議論が
外せない。平凡で何の変哲もない当たり前の意見ではあるが，改めて「人間」
が須要であることを基礎としたことは，我々がスポーツを新たに考える足掛か
りを与えてくれた。そうした意味において，「人間とは何か？」「幸福とは何か？」
を考える上では，プラトン，アリストテレスらの形而上学へと回帰せざるをえ
ないのではなかろうか。巡り巡りここへ帰結したことを筆者はたいへん喜ばし
く感じる一方，この2000年，我々はいったい何を学んできたのであろうか。果
たして我々は進歩しているのであろうか。

　これからのスポーツ研究への期待をこめて，スポーツ原論を通じた筆者なり
の所論を付したい。佐藤（2009，p. 10）は限定詞が研究対象であり，基底詞
が研究方法になると述べている。その通りである。そうした意味において，「ス
ポーツ○○学」は「スポーツ」が限定詞となるが，本書はこの限定詞の役回り
を証したことになる。次は基底詞の「○○学」であるが，よくよく考えてみる
と本書のスポーツ原論は「スポーツ数学」といえる。数学の研究方法を用いな
がらスポーツの本質を明らかにした。
　「スポーツ教育」を例にとるが，「スポーツを教育」できるわけではなく，人
間にできることといえば「スポーツを道具立てにした教育」である。その際に
は，スポーツの仕組みや性質など，スポーツ原論のエッセンスを学習者へ教え
伝えることを期待したい。また研究へと目を向ければ，「スポーツ教育学」と
「教育学」の違いを明確にし，「スポーツ教育学」の学術的な独自性や特殊性を
打ち出すことを期待したい。
　さて私が専門とする体育経営学，スポーツマネジメントであるが，これまで
は経営学（マネジメント）の一部であるとずっと考えてきたし疑いもしなかっ
た。しかしながら，スポーツ原論を発見し，経営学との違いを覚えるようになっ
た。それはスポーツ（対象）を明確にしたことによって，「スポーツマネジメ
ント」には独自性があるとの確証に至ったからだ。その手蔓は「スポーツ関数：
R＝S（p）」である。「スポーツ関数」を経営学的方法によって研究する場合，
経営学（マネジメント）が準備されているかどうかが重要であり，経営学の吟

味が今後の筆者の研究課題となる。くしくも「スポーツ第 4 定理」を発見した
ことによって「経営哲学」は欠かすことができない研究領域であることを改め
て証明することになった。おそらくスポーツマネジメントという学問を再構築
する作業が必要になってくるように今は思っている。自分自身への鼓舞と期待
を込めてである。

　スポーツ研究の研究対象は「スポーツ関数」が存在する全てである。ゆえに
スポーツ研究は「スポーツ関数」の「あるもの」と「ないもの」を分離するこ
とが研究方法上の必要条件となる。これからのスポーツ研究の発展に「スポー
ツ関数：R＝S（p)」が寄与し，「スポーツ原論」が議論の迷走に秩序を与える
ことを期待したい。

初出一覧

1．関朋昭（2017）なぜ吹奏楽部は文化部なのか：運動部と文化部のダイコトミーに着目して，名寄市立大学紀要，11，pp. 7 -16.（まえがき，あとがき）

2．関朋昭（2015）『スポーツと勝利至上主義』，ナカニシヤ出版（序章）

3．関朋昭（2020）勝利至上主義に対する批判の反証—スポーツの定義と価から—，北海学園大学経営論集（澤野雅彦教授退職記念号），17（3），pp. 117-129.（第1章）

4．関朋昭（2022）学校における「部活動」の定義に関する研究，九州地区国立大学教育系・文系研究論文，（8）2：1-16.（第1章，補章1）

5．関朋昭（2019）世の中のあらゆる「集まり」における普遍法則の発見，名寄市立大学紀要，13：1-5.（第5章）

　尚，初出の論文を大幅に加筆修正しているが，内容的には同じである。

　本書は，科学研究費（課題番号：20K02771）の研究成果の一部であることを末尾として記しておく。

引用・参考文献

阿部忍（1985）『体育の哲学的探究』，道和書院.

安達悠子・杉山紗希（2019）大学生の部活・サークルへの所属と活動に対する意識が学校生活満足度に与える影響，東海学院大学研究年報(4)：83-89.

阿江美恵子（2000）運動部指導者の暴力的行動の影響：社会的影響過程の視点から，体育學研究45(1)：89-103.

赤松明彦（2015）「概念」，廣松渉編『哲学・思想事典（第9刷）』，岩波書店：209-210.

青木邦男（2005）高校運動部員の社会的スキルとそれに関連する要因，国立オリンピック記念青少年総合センター研究紀要(5)：25-34.

青柳健隆（2021）小学校における運動部活動からスポーツ少年団への移行に伴う変化：地域移行を経験した教員へのインタビュー調査から，体育学研究(66)：63-75.

青柳健隆・鈴木郁弥・荒井弘和・岡浩一朗（2018）小学校における運動部活動の分布：市区町村別実施状況マップの作成，スポーツ産業学研究28(3)：265-273.

新井洋輔（2004）サークル集団における対先輩行動：集団フォーマル性の概念を中心に，社会心理学研究20(1)：35-47.

新井洋輔・松井豊（2003）大学生の部活動・サークル集団に関する研究動向，筑波大学心理学研究26：95-105.

アリストテレス著　山本光雄訳（1969）『政治学』アリストテレス全集15，岩波書店.

アティヤ, M. F. 著　志賀浩二訳（2010）『数学とは何か―アティヤ　科学・数学論集』，朝倉書店.

綾部恒雄（2005）「クラブが創った国アメリカ」，綾部恒雄編『クラブが創った国　アメリカ　結社の世界史(5)』，山川出版社：3-12.

綾部恒雄監修　福田アジオ編（2006）『結衆・結社の日本史』，山川出版社.

馬場裕・山本光（2020）巴戦の一般化に関する考察，横浜国立大学教学部紀要Ⅳ　自然科学3：9-14.

ブランチャード, K., & チェスカ, A. 著　寒川恒夫・大林太良訳（1998）『スポーツ人類学入門』，大修館書店.

文化庁（2018）文化部活動の在り方に関する総合的なガイドライン，http://www.bunka.go.jp/seisaku/bunkashingikai/kondankaito/bunkakatsudo_guideline/h30_1221/pdf/r1412126_01.pdf，参照日2021年1月11日.

カイヨワ, R. 著　多田道太郎・塚崎幹夫訳（1990）『遊びと人間』，講談社.

千葉正士・濱野吉生（1995）『スポーツ法学入門』，体育施設出版.

クランストン, M. 著　小松茂夫訳（1976）『自由―哲学的分析―』，岩波書店.

出口林次郎（1965）『改訂増補　体育学原論』，東洋館出版社.

ダンバー，R. I. M. 著　鍛原多惠子訳（2016）『人類進化の謎を解き明かす』，インターシフト．

江口潤（2014）日本型および欧州型スポーツクラブ形成と定着の比較検討，産業能率大学紀要35(1)：23-38.

藤本隆志（1976）『ウィトゲンシュタイン全集8　哲学探究』，大修館書店.

深谷翼（1972）『体育法学』，フォトにっぽん社.

古阪肇（2009）現代英国パブリック・スクールにおける完全寄宿制とその意義──イートン校とハロウ校を中心に，早稲田大学大学院教育学研究科紀要別冊17-2：267-277.

古阪肇（2016）英国の寮制私立中等学校におけるパストラル・ケアの重要性，早稲田教育評論30(1)：97-108.

ギボンズ，R. 著　福岡正夫・須田伸一訳（2020）『経済学のためのゲーム理論入門』，岩波書店.

浜口恵俊（1982）『間人主義の社会日本』，東洋経済新報社.

濱野吉生（1988）『体育・スポーツ法学概論』，前野書店.

橋本剛明・唐沢かおり・磯崎三喜年（2010）大学生サークル集団におけるコミットメント・モデル：準組織的集団の観点からの検討，実験社会心理学研究50(1)：76-88.

橋爪紳也（2006）「倶楽部の成立」，綾部恒雄監修　福田アジオ編『結衆・結社の日本史』，山川出版社：228-244.

畑喜美夫（2017）『チームスポーツに学ぶボトムアップ理論─高校サッカー界の革新者が明かす最強の組織づくり』，カンゼン.

羽山孝二（1973）必修クラブと部活動の在り方，体育の科学23(3)：141-143.

ヘンリック，J. 今西康子訳（2019）『文化がヒトを進化させた─人類の繁栄と〈文化-遺伝子革命〉』，白揚社.

シュー，F. L. K. 著　作田啓一・浜口恵俊訳（1971）『比較文明社会論─クラン・カスト・クラブ・家元』，培風館.

飯田隆（1990）「現代論理学が伝統的論理学よりもすぐれていると考えるのはなぜだろうか」，藤田晋吾・丹治信春編『言語・科学・人間』，朝倉書店：43-69.

生野撰子（1993）横浜にあった西欧社会，鶴見大学紀要第2部外国語・外国文学編(30)：59-88.

生島淳（2003）『スポーツルールはなぜ不公平か』，新潮社.

今村嘉男（1949）体育とスポーツ，体育(1)：19-21.

今村嘉男（1950）プロ競技はスポーツか，学校体育3(5)：2-5.

今宿裕・朝倉雅史・作野誠一・嶋崎雅規（2019）学校運動部活動の効果に関する研究の変遷と課題，体育学研究64(1)：1-20.

井上寛康（2019）サッカーのトラッキングデータから集団行動を読み取る─行動のシンボル化による試み─，人工知能34(4)：517-524.

井上洋一（2020）法的立場からみた「体育」と「スポーツ」，現代スポーツ評論42：36-45.

石津誠（1969）『体育原理』，道和書院.

伊東俊太郎編（1997）『比較文明学を学ぶ人のために』，世界思想社.

伊藤堯（1972）『体育と法』，道和書院.

伊藤堯（1980）『体育法学の課題』，道和書院.

泉谷周三郎（2015）「価値」，廣松渉他編『哲学・思想事典（第9刷）』，岩波書店：242.

神谷拓（2007）必修クラブの制度化と変質過程の分析——クラブ，部活動に関する「判例」を中心に，スポーツ教育学研究26(2)：75-88.

神谷拓（2015）『運動部活動の教育学入門——歴史とのダイアローグ』，大修館書店.

神谷拓（2016）『生徒が自分たちで強くなる部活動指導——「体罰」「強制」に頼らない新しい部活づくり』，明治図書出版.

神谷拓（2018）部活動の存在理由—学校，子ども，教員の観点から—，日本部活動学会研究紀要(1)：45-54.

神田千里（2006）「門徒と道場」，綾部恒雄監修　福田アジオ編『結衆・結社の日本史』，山川出版社：43-54.

川北稔（2005）「開かれた社交・閉じられた社交」，綾部恒雄監修　川北稔編『結社のイギリス史—クラブから帝国まで』，山川出版社：86-105.

川村英男（1990）『改訂　体育原理』，杏林書院.

川谷茂樹（2008）「勝利至上主義」，加藤尚武編『応用倫理学事典』，丸善：856.

川谷茂樹（2013）スポーツと『練習』—目的論的考察，体育の科学63(10)：786-790.

川谷茂樹（2015）「勝利至上主義（スポーツにおけるその他の倫理的問題）」，中村敏雄・高橋健夫・寒川恒夫・友添秀則編集主幹『21世紀スポーツ大事典』，大修館書店：827-828.

菊幸一・茂木宏子（2015）スポーツ価値観への社会学的探求，日本体育協会スポーツ医・科学研究報告集(3)：37-47.

木村和彦・菊幸一，以下12名（2015）新たなスポーツ価値意識の多面的な評価指標の開発（第2報），日本体育協会スポーツ医・科学研究報告集(3)：1-72.

木庭康樹・田井健太郎・上田丈晴・沖原謙（2009）サッカーのゲーム分析のための原理論構築に向けたスポーツのゲーム構造論に関する研究，体育・スポーツ哲学研究31(1)：1-26.

小林章夫（2013）社交の復権：コーヒー・ハウスからクラブへ，社会教育68(8)：6-11.

小林章夫（2000）『コーヒー・ハウス—18世紀ロンドン都市の生活史』，講談社.

小松崎敏（2006）「ハンディキャップ（handicap）」，（社）日本体育学会監修『最新スポーツ科学事典』，平凡社：278.

近藤良享（2016）スポーツ・ルールにおける平等と公正—男女別競技からハンディキャップ競技へ—，スポーツとジェンダー研究14：121-133.

久保正秋（2010）『体育・スポーツの哲学的見方』，東海大学出版会.

蔵本健太・菊池秀夫（2006）大学生の組織スポーツの参加動機に関する研究—体育会運動部とスポーツサークル活動参加者の比較—，中京大学体育学論叢47(1)：37-48.

黒井半太（2017）私立高校ブラック部活黒書：なぜ私学は「体育部推薦」制度をとるのか（特集　ブラック部活その2），季刊教育法192：40-43.

前川峯雄（1958）『体育学原論』，中山書店.

前川峯雄（1973）「必修」クラブ活動と運動部活動—問題の所在—，体育の科学23（3）：126-130.

丸山圭三郎（1981）『ソシュールの思想』，岩波書店.

丸山圭三郎（2012）『ソシュールを読む』，講談社.

丸山善宏（2020）圏論の哲学：圏論的構造主義から圏論的統一科学まで（特集　圏論の世界：現代数学の最前線），現代思想48（2）：19-32.

マルクス, K. 著　エンゲルス, F. 編　向坂逸郎訳（1997）『資本論（1）』，岩波書店.

松田徳一郎編（1995）『リーダーズ英和辞典第3版』，研究社.

松井貴英（2021）プラトン「テアイテトス」における数学と哲学，名古屋大学哲学論集特別号（2021）：203-219.

松下行馬（2018）音楽認識の数学的構造とその音楽科教育への応用，兵庫教育大学修士論文：196-226.

南出康世編（2014）『ジーニアス英和辞典第5版』，大修館書店.

三戸公（1994）『随伴の結果—管理の革命—』，文眞堂.

宮田由紀夫（2016）『暴走するアメリカ大学スポーツの経済学』，東信堂.

水上博司（2006）「勝利至上主義 win at all costs」，（社）日本体育学会監修『最新スポーツ科学事典』，平凡社：823.

文部科学省（2011）『生徒指導提要』，教育図書.

文部科学省（2017）『中学校学習指導要領（平成29年告示）』，東山書房.

文部科学省（2018）『高等学校学習指導要領（平成30年告示）』，東山書房.

森村英典（1984）『確率（教職数学シリーズ　基礎編5）』，共立出版.

守能信次（1984）『スポーツとルールの社会学』，名古屋大学出版会.

守能信次（2007）『スポーツルールの論理』，大修館書店.

永井康宏（1983）『体育原論』，不昧堂出版.

長沼豊編著（2018）『部活動改革2.0文化部活動のあり方を問う』，中村堂.

長崎文郎（1978）必修クラブと部活動——充実した活動をめざして，教育調査（109）：33-38.

中釜浩一（2019）プラトン的直観，法政大学文学部紀要，78：11-19.

中川良和（1980）神戸居留地外国人スポーツ史：補遺，英学史研究1981（13）：113-122.

中畑正志（2017）「定義」，廣松渉編『哲学・思想事典（第9刷）』，岩波書店：1103-1104.

中小路徹（2019）ゆる部活って何？，ジュニアアエラ2019年3月号：10.

中村幸四郎・寺阪英孝・伊東俊太郎・池田美恵（2011）『ユークリッド原論　追補版』，共立出版.

中村敏雄（1973）『スポーツとは何か』，ポプラ社.

中村敏雄（1979）『クラブ活動入門』，高校生文化研究会.

中村敏雄（1991）『スポーツルールの社会学』，朝日新聞社.

中村敏雄（1994）『メンバーチェンジの思想—ルールはなぜ変わるのか—』，平凡社.

中西純司（2012a）「文化としてのスポーツ」の価値，人間福祉学研究5（1）：7-24.

中西純司（2012b）「スポーツ政策とスポーツ経営学」，体育・スポーツ経営学研究26：3-15.

中西純司（2015）『スポーツ価値』のダイナミクスとスポーツ政策の課題，日本体育協会スポーツ医・科学研究報告集（3）：48-61.

中野忠（2007）王政復古期以後のロンドンにおける市民的社交圏—コーヒーハウスをめぐる最近の研究から—，早稲田社会科学総合研究 7（3）：39-61.

中澤篤史（2014）『運動部活の戦後と現在—なぜスポーツは学校教育に結び付けられるのか』，青弓社.

中澤篤史（2017）『そろそろ，部活のこれからを話しませんか—未来のための部活講義』，大月書店.

日本プロフェッショナル野球組織，他 5 つの団体（2018）『公認野球規則』，ベースボール・マガジン社.

日本スポーツ法学会監修（2016）『スポーツ法学：標準テキスト』，エイデル研究所.

日本スポーツ法学会編（2011）『詳解スポーツ基本法』，成文堂.

日本体育学会監修（2006）『最新スポーツ科学事典』，平凡社.

西尾建（2017）ニュージーランドを参考にした中高生部活改革—2 つ以上のスポーツを楽しめる部活動システム導入—，スポーツ産業学研究27（1）：69-72.

野中郁次郎（1980）『経営管理』，日本経済新聞社.

能登路雅子（2005）「人格形成と野生への志向　ボーイスカウト」，綾部恒雄編『クラブが創った国　アメリカ　結社の世界史（5）』，山川出版社：188-201.

野崎耕一（2003）必修クラブ活動の廃止と今後の部活動の在り方について，静岡産業大学国際情報学部研究紀要（5）：95-113.

小笠原正監修（2005）『導入対話によるスポーツ法学』，不磨書房.

岡部祐介（2017）「勝敗の倫理学」，友添秀則編著『よくわかるスポーツ倫理学』，ミネルヴァ書房：50-63.

岡部祐介（2018）「スポーツにおける勝利追求の問題性に関する一考察：〈勝利至上主義〉の生成とその社会的意味に着目して」，関東学院大学「自然・人間・社会」(65)：15-37.

岡田章（1996）『ゲーム理論』，有斐閣.

岡田有司（2009）部活動への参加が中学生の学校への心理社会的適応に与える影響：部活動のタイプ・積極性に注目して，教育心理学研究57（4）：419-431.

岡出美則（2017）ドイツの「スポーツ科」にみる脱近代スポーツ種目主義への移行過程の研究—NRW 学習指導要領を中心に—，筑波大学博士論文（乙第2825号）.

岡出美則・吉永武史（2000）イギリスのゲーム理解のための指導論（TGFU）——戦術学習の教科内容とその指導方法論検討に向けて，筑波大学体育科学系紀要：21-35.

岡山善政（1997a）価値の本質に関する一考察（上）：経営価値論の視座と方法を求めて，経営研究10（3）：483-522.

岡山善政（1997b）価値の本質に関する一考察（中）：経営価値論の視座と方法を求めて，経営研究11（1）：55-78.

岡山善政（1997c）価値の本質に関する一考察（下）：経営価値論の視座と方法を求めて，経営研究11（2）：303-321.

桶川泰（2011）親密性・親密圏をめぐる定義の検討——無定義用語としての親密性・親

密圏の可能性，鶴山論叢11：23-34.

尾見康博（2019）『日本の部活（BUKATSU）：文化と心理・行動を読み解く』，ちとせプレス.

小野雄大・庄司一子（2015）部活動における先輩後輩関係の研究—構造，実態に着目して—，教育心理学研究63(4)：438-452.

大橋道雄編著（2011）『体育哲学原論』，不昧堂出版.

大峰光博・友添秀則（2014）野球部における指導者の勝利追求への責任に関する一考察，体育・スポーツ哲学研究(36) 2：73-82.

大村敦志（2008）『ルールはなぜあるのだろう—スポーツから法を考える—』，岩波書店.

大野貴司（2017）わが国大学運動部における『勝利至上主義』とその緩和策に関する一考察，東洋学園大学紀要(25)：105-121.

プラトン著　藤沢玲夫訳（1994）『メノン』，岩波書店.

プラトン著　岩田靖夫訳（1998）『パイドン』，岩波書店.

斎藤憲（2008）『ユークリッド「原論」とは何か—二千年読みつがれた数学の古典』，岩波書店.

佐々木力（2017）「公理」，廣松渉他編『哲学・思想事典（第9刷）』，岩波書店：490-491，504.

佐々木吉蔵（1973）運動部活動の効用とその限界，体育の科学23(3)：141-143.

佐々木究（2015）体育原理論批判，体育・スポーツ哲学研究(37) 1：1-13.

佐々木究・田井健太郎（2013）「体育原理論」の批判的検討—佐藤臣彦『身体教育を哲学する』に着目して—，体育・スポーツ哲学研究(35) 1：24-29.

佐藤臣彦（1993）『身体教育を哲学する—体育哲学叙説』，北樹出版.

佐藤臣彦（2009）「遊びとは何か」，中村敏夫・高橋建夫編著『体育原理講義（第9刷）』，大修館書店：45-55.

ソシュール，F. de 著　小林英夫訳（1928）『言語學原論』，岡書院.

関朋昭（2012）淺井論文の『流れ』に関する一試論，北海道体育学研究(47)：21-27.

関朋昭（2015）『スポーツと勝利至上主義』，ナカニシヤ出版.

関朋昭（2017）なぜ吹奏楽部は文化部なのか：運動部と文化部のダイコトミーに着目して，名寄市立大学紀要11：7-16.

関朋昭（2019）世の中のあらゆる「集まり」における普遍法則の発見，名寄市立大学紀要，13：1-5.

関朋昭（2020）勝利至上主義に対する批判の反証—スポーツの定義と価から—，北海学園大学経営論集（澤野雅彦教授退職記念号），17(3)：117-129.

関朋昭（2022）学校における「部活動」の定義に関する研究，九州地区国立大学教育系・文系研究論文(8) 2：1-16.

関根正美（2013）体罰の温床・勝利至上主義とフェアプレイの狭間，体育科教育，61(11)：38.

島津格（2015）「競争」，廣松渉他編『哲学・思想事典（第9刷）』，岩波書店：344.

清水紀宏（2017）「体育・スポーツ経営の概念と構造」，柳沢和雄・木村和彦・清水紀宏編著『テキスト体育・スポーツ経営学』，大修館書店：13-24.

清水哲郎（2020）「伝統論理学」，廣松渉他編『哲学・思想事典（第9刷）』，岩波書店：1139.

清水義夫（2007）『圏論による論理学―高階論理とトポス』，東京大学出版会.

篠田基行（1980）『新体育学大系　第14巻　体育思想史』，逍遙書院.

新村出編（2018）『広辞苑第七版』，岩波書店.

城丸章夫（1992）「スポーツ・クラブ論」，『城丸章夫著作集第7巻（体育・スポーツ論）』，青木書店：275-333.

小学館ランダムハウス英和大辞典第2版編集委員会編（1993）『ランダムハウス英和大辞典』，小学館.

園部暢・田所勝太郎（1973）『体育と法』，法律文化社.

スポーツ庁（2018）運動部活動の在り方に関する総合的なガイドライン，http://www.mext.go.jp/sports/b_menu/shingi/013_index/toushin/__icsFiles/afieldfile/2018/03/19/1402624_1.pdf，参照日2021年1月11日.

鈴木秀人（2002）『変貌する英国パブリック・スクール―スポーツ教育から見た現在』，世界思想社.

鈴木理・青山清英・岡村幸恵（2010）価値体系論的構造分析に基づく球技の分類，体育学研究55(1)：137-146.

鈴木理・土田了輔・廣瀬勝弘・鈴木直樹（2003）ゲームの構造からみた球技分類試論，体育・スポーツ哲学研究25(2)：7-23.

鈴木豊（2016）『ゲーム理論・契約理論』，勁草書房.

高部岩雄（1962）『体育学原論』，逍遙書院.

高田治樹・松井豊（2012）大学生のサークル集団に関する研究動向―新井・松井（2003）からの研究動向の変化―，筑波大学心理学研究43：25-35.

多木浩二（1995）『スポーツを考える―身体・資本・ナショナリズム』，筑摩書房.

高根正昭（1979）『創造の方法学』，講談社.

玉木博章（2018）文化部研究の到達点と今後の課題，日本部活動学会研究紀要1：95-108.

玉木博章（2021）運動部と文化部の比較から見える部活動の課題―スポーツ庁による量的調査の二次分析と考察を基にして―，日本部活動学会研究紀要3：97-110.

玉木正之（1999）『スポーツとは何か』，講談社.

玉木正之（2020）『今こそ「スポーツとは何か？」を考えてみよう！』，春陽堂書店.

田村圭一（2001）「功利主義と行為十分性の前提（制限的な結果主義の意義）」，哲学年報（48）：15-27.

棚田真輔（1988）神戸居留外国人による明治初期のスポーツ倶楽部設立について，神戸商科大学学術研究会，人文論集23(2・3)：193-222.

丹下保夫（1980）『新体育学大系　第4巻　体育原理（下）』，逍遙書院.

友添秀則（2009）『体育の人間形成論』，大修館書店.

友添秀則（2020）「スポーツ」と「体育」を考えるために，現代スポーツ評論42：8-17.

内田良（2017）『ブラック部活動―子どもと先生の苦しみに向き合う』，東洋館出版社.

内山絵美子（2019）「部活動の制度はどうなっているのか」，佐藤博他著『ホワイト部活のすすめ　部活動改革で学校を変える』，教育開発研究所：36-71.

宇留間昂（1991）「クラブ・サービス（体育・スポーツ事業論・その3）」，宇土正彦・八代勉・中村平編著『体育経営管理学講義』，大修館書店：79-80.

鷲田康（2019）筒香嘉智「金属バットと勝利至上主義が野球少年を潰す」，文藝春秋3月特別号：258-264.

綿田博人（2003）日本の野球とアメリカ合衆国のベースボールの相違についての一考察，慶應義塾大学体育研究所紀要42(1)：27-36.

矢部京之助・斎藤典子（1994）アダプテッド・スポーツ（障害者スポーツ学）の提言―水とリズムのアクアミクス紹介―，女子体育(36)：20-25.

山﨑正彦（2009）『金賞よりも大切なこと―コンクール常勝校　市立柏高等学校吹奏楽部　強さの秘密』，スタイルノート.

安井邦夫（2021）『現代論理学：新装版』，世界思想社.

吉田勝光（2019）部活動としてのeスポーツは運動部？　文化部？，月刊高校教育52(4)：92-95.

吉田直希（2008）コーヒーハウスの権力論―18世紀イギリス公共圏と小説の誕生―，小樽商科大学人文研究115：259-272.

吉田信夫（2014）『ユークリッド原論を読み解く―数学の大ロングセラーになったわけ―』，技術評論社.

Alpha, R., 2015, *What Is Sport : A Controversial Essay About Why Humans Play Sports*, BookBaby.

Bernett, H., 1986, *Leichtathletik in historischen Bilddokumenten*, Copress Verlag München.

Brewer, D. J., 2019, *What is Sport? : The Enthusiast's Technical Guide to the Characterization of Human Performance as Sport*, Fresh Junket Publishing.

Casimir, A., 2013, Plato & Dukor on Philosophy of Sports, Physical Education and African Philosophy : The Role of Virtue and Value in Maintaining Body, Soul and Societal Development, *Open Journal of Philosophy* 3 (1) : 231.

Chepyator-Thomson, J. R., & Hsu, S. H., 2013, *Global Perspectives on Physical Education and After-School Sport Programs*, University Press of America.

Costa, L. Á. da, & Lacerda, T. O., 2016, On the Aesthetic Potential of Sports and Physical Education, *Sport, Ethics and Philosophy* 10 (4) : 444-464.

Culbertson, L., 2008, Does Sport Have Intrinsic Value?, *Sport, Ethics and Philosophy* 2 (3) : 302-320.

Drucker, P. F., 1973, *Management ; Tasks, Responsibilities, and Practices*, Harper Business.（『マネジメント：課題，責任，実践』（野田・村上監訳『マネジメント』上巻・下巻，ダイヤモンド社．1974．上田惇生訳『マネジメント』上巻・中巻・下巻，ダイヤモンド社，2008.））

Elias, N., & Dunning, E., 1986, *Sport and Leisure in the Civilizing Process*, Blackwell.（大平章訳『スポーツと文明』，法政大学出版局．1995.）

Fuoss, D. E., & Troppmann, R. J., 1981, *Effective Coaching : A Psychological Approach*,

John Wiley & Sons.

Gillet, B., 1948, *Histoire du sport*, Presses Universitaires de France.（近藤等訳『スポーツの歴史』，白水社．1952.）

Griffin, L. L., Mitchell, S. A., & Oslin, J. L., 1997, *Teaching Sport Concepts and Skills*, Human Kinetics.

Holloway, J., 1951, *Language and Intelligence*, Macmillan.

Kleene, S. C., 1980, *Introduction to Metamathematics*（*Bibliotheca Mathematica*）, North Holland.

Lane, H., 2013, *What Is Sports Exercise Science and Physiology : Careers, Jobs, Salaries, Certifications, Education, and Journals*. Truckee, CA : Healthyway Books.

Leiper, N., 1979, The Framework of Tourism : Towards a Definition of Tourism, Tourist and the Tourist Industry, *Annals of Tourism Research* 6 : 390‒407.

Lévi-Strauss, C., 1967, *Les structures élémentaires de la parenté*, PUF, 1949, 2e édition, Mouton.（福井和美訳『親族の基本構造』，青弓社．2000.）

MacLane, S., 1998, *Categories for the Working Mathematician*（2nd ed.）, Springer.

McFee, G., 2004, *Sport, Rules, and Values : Philosophical Investigations into the Nature of Sport*, Routledge.

McFee, G., 2009, The Intrinsic Value of Sport : A Reply to Culbertson, *Sport, Ethics and Philosophy* 3（1）: 19‒29.

Mechikoff, R. A., 2006, *A History and Philosophy of Sport and Physical Education : From Ancient Civilizations to the Modern World*, Mcgraw-Hill.

Morgan, W. J., Ed., 2007, *Ethics in Sport*, Human Kinetics.

von Neumann, J., & Morgenstern, O., 1944, *Theory of Games and Economic Behavior*, Princeton University Press.

Ogden, C. K., & Richards, I. A., 1923, *The Meaning of Meaning*. Harcourt, Brace and World.（石橋幸太郎訳『意味の意味』，新泉社．2008.）

Ross, W. D., 1930, *The Right and The Good*, Clarendon Press.

Scott, J., 1973, Sport and the Radical Ehic, *Quest* 19 winter : 71‒77.

Thomas, W. I., & Thomas, D. S., 1928, *The Child in America : Behavior Problems and Programs*, Knopf.

Waddell, M., & Schneider, A., 2017, Fair Play and Rights-Based Sport, In H. L. Reid & E. Moore Eds., *Reflecting on Modern Sport in Ancient Olympia*, Parnassos Press : 129‒145.

Wharton, T., 2009, *Pragmatics and Non-Verbal Communication*, Cambridge University Press.

Williams, B., 1995, Replies, In J. E. J. Althan & R. Harrison Eds., *World, Mind, and Ethics*, Cambridge University Press.

あとがき

　とても長い旅だった。本書のアイデアから書き終えるまで約12年の歳月を要した。まずは本書を構成する上で欠かすことができない「数学」と「吹奏楽」の２つの出会いを語りたい。

　僕が数学と再び出会ったのは2010年である。知人の物理学者から数学に群論というものがあることを教えてもらった。群論？　珍ぷんかんぷんだった。しかしながら偶然にも，その当時，私の近くに３人の数学者がいて，群論を学ぶ機会を得た。最初に鈴岡啓一氏を紹介するが，氏は赤門で有名な大学を卒業してから同大学院へ進学し博士（数理科学）の学位を修めた。彼は位相幾何学（トポロジー）が専門であるが，数学それ自体への造詣が深い。群論もさることながら圏論については，無知な僕に根気強く親切丁寧な指導をしてくださった。氏との邂逅がなければ本書は誕生しなかった。２人めは，三上晃典氏である。氏は国立大学理学部を卒業した後も数学を継続して学ぶ勤勉家である。彼の教えは熱い。年賀状を活用し，群論を分かりやすく教えていただいたときは目から鱗が落ちた。３人めは，荻野大助氏である。氏の専門は公衆衛生学，数理科学であり，博士（理学）を修められていることから，厳しい数学の学界（世界）に詳しく，いつも興味深い話を伺うことができた。あるとき，この３人と秘密裏に議論するだけではもったいないと思い，僕は有志の「数学研究会」を立ち上げた。加わった会員は齋藤千秋氏，鈴木朋子氏，泉史郎氏，若林智氏，西田麻衣子氏，塚本陽子氏である。基本的に月１回の頻度で研究会を開き，その後に皆で飲みに行くという会合であった。数学を肴にしながらいろいろな話をすることができ，有意義な時間を過ごすことができた。このときのアカデミックな会合は，今日の僕の血となり骨となっている。多忙の中，数学研究会に参加してくれた会員諸氏に深く感謝する。特に鈴岡氏，三上氏においては，毎回の研究会のためのネタづくりに多大なご尽力を賜った。そのときのノートは僕の宝物である。

　次は吹奏楽である。「まえがき」で吹奏楽コンクールのことを紹介したが，当時は学生の質問に対し上手に説明することできなかった。しかしながら，少しずつ自分の中で考えを整理することができ，気がつけば「吹奏楽コンクールはスポーツだ」と自信満々に学生へ教えるようになっていた。自信の根拠は，スポーツ原論を発見する以前ではあったが，吹奏楽コンクールはスポーツと同じ構造をもっていることに気がついたことである。この教えに驚く学生も多かったが，多くの吹奏楽部出身の学生たちは，吹奏楽コンクールが「スポーツ」と認識されることに喜びや嬉しさを感じていた。僕はそのことに驚いた。おそらく彼ら彼女らはスポーツの部活動並みに頑張っていることを認めてもらいたかったのであろう（スポーツ第4定理：スポーツを行う目的や価値は任意である）。吹奏楽に興味をもった僕は，拙稿「なぜ吹奏楽部は文化部なのか：運動部と文化部のダイコトミーに着目して」を書き下ろし某スポーツ学会誌へ投稿した。しかし見事にリジェクトされた。査読者からのコメントはひどいもので，視野狭窄な観点から議論にならないことを徒然に述べるだけのものであった。しかし本書を執筆する原動力となり契機となったので，いまは感謝でしかない。

　こういうわけで，「数学」と「吹奏楽」のネタは筆者の以前の所属先の名寄市立大学での経験がもとになっている。「スポーツ」と全く関係がないように思われる2つの異なるネタが見事に「スポーツ」と化学反応を起こした。名寄市立大学は恵まれた研究環境を僕に与えてくれた。豊かな研究時間，贅沢な研究費，優れた図書館職員，そして優秀な学生たちに囲まれて研究することができた。また僕が所属した教養教育部の個性あふれる先生方には感謝しかない。この場をお借りし，11年半お世話になった名寄市立大学に心からお礼を申し上げる。

　2022年9月，僕は鹿屋体育大学へ移った。まずは同じスポーツマネジメント担当の隅野美砂輝先生，棟田雅也先生に感謝の意を表したい。隅野先生にはオムニバスで担当する講義で多大な支援を賜った。また僕が着任前，心温まるサポートに預かり，氏の貴重な時間を厖大に割いてもらった。氏からは「第4章スポーツの価値」についての足掛かりをいただいた。棟田先生と僕の研究室は近く，いつも他愛のない話から真面目な研究話まで，氏との対話に癒され勇気づけられている。氏との議論は「補章2スポーツと体育」を考える呼び水となっ

た。そして僕が所属するスポーツ人文・応用社会科学系は優秀かつ親切な先生方が多い。僕が頭を抱え悩んでいると，直ぐに知りたいことを教えくれる。特に，森克己先生には「第3章スポーツのルール」，栫ちか子先生には「第5章第4節新しいスポーツ分類」のところで重要な示唆をいただいた。心よりお礼を述べたい。そして本学の国際・学術情報課図書サービス係の吉村智美氏，山下智久氏には，いつも僕からの無理難題なお願いに素早く対応いただき感謝に堪えない。おそらく鹿屋体育大学へ来なければ，本書が存在することも陽の目に当たることもなかったであろう。

　最後に，本書では新しいスポーツの形姿をお見せできたのではないかと思っている。この背景には，本書のアイデアを練り上げる中で，これまで学界に多大な貢献をしてきた多くの理説を批判的に論じさせていただいたことにある。これらの理説がなければ，本書が誕生することはなかった。この場をお借りして，学究諸氏に心からお礼を申し添える。そして本書が『スポーツ原論─スポーツとは何かへの回答─』のタイトルに相応しい証明になっていることを願うばかりである。

　出版にあたっては，今回もナカニシヤ出版の山本あかねさんに，たいへんお世話になった。氏の校閲と助言には幾度となく励まされ助けられた。記して，感謝の言葉とする。

2023年1月11日
鹿屋市の研究室より　関　朋昭

事項索引

人名索引

【著者紹介】

関　朋昭（せき・ともあき）
鹿屋体育大学　スポーツ人文・応用社会科学系　教授
北海学園大学大学院経営学研究科博士（経営学）
主著に，『スポーツと勝利至上主義—日本の学校スポーツの
ルーツ』（ナカニシヤ出版，2015）など。

スポーツ原論
スポーツとは何かへの回答

2023年3月20日　初版第1刷発行　（定価はカヴァーに表示してあります）

著　者　関　朋昭
発行者　中西　良
発行所　株式会社ナカニシヤ出版
〒606-8161　京都市左京区一乗寺木ノ本町15番地
Telephone 075-723-0111
Facsimile 075-723-0095
Website http://www.nakanishiya.co.jp/
Email iihon-ippai@nakanishiya.co.jp
郵便振替　01030-0-13128

装幀＝白沢　正／印刷・製本＝亜細亜印刷
Printed in Japan.
Copyright©2023 by T. Seki
ISBN978-4-7795-1701-3

◎本書のコピー，スキャン，デジタル化等の無断複製は著作権法上での例外を除き禁じられて
います。本書を代行業者等の第三者に依頼してスキャンやデジタル化することはたとえ個人や
家庭内の利用であっても著作権法上認められておりません。